Wo verkehrt die Baukultur?

Michael Braum, Olaf Bartels (Hg.)

Wo verkehrt die Baukultur?
Fakten, Positionen, Beispiele

Birkhäuser
Basel

Die Bundesstiftung Baukultur wird vom Bundesministerium für Verkehr, Bau und Stadtentwicklung finanziell gefördert. Durch ihre Gremien wird sie in ihrer konzeptionellen Ausrichtung und inhaltlichen Arbeit beraten und begleitet.

Layout, Satz: forst für Gestaltung_Hamburg_Berlin
Coverillustration: Panatom_Berlin
Umschlaggestaltung: Bundesstiftung Baukultur_Potsdam
Lithographie: Einsatz Creative Production_Hamburg
Druck: fgb.freiburger grafische betriebe_Freiburg

Konzeption und Redaktion: Olaf Bartels_Hamburg/Berlin
Bildredaktion: Olaf Bartels, Annina Götz

Bibliografische Information der Deutschen Bibliothek
Die Deutsche Bibliothek verzeichnet diese Publikation in der Deutschen Nationalbibliografie; detaillierte bibliografische Daten sind im Internet über http://dnb.ddb.de abrufbar.

© 2010 Birkhäuser GmbH
Basel
Postfach 133, CH-4010 Basel, Schweiz

Gedruckt auf säurefreiem Papier, hergestellt aus chlorfrei gebleichtem Zellstoff. TCF ∞

Printed in Germany
ISBN 978-3-0346-0360-7

9 8 7 6 5 4 3 2 1   www.birkhauser-architecture.com

Inhalt

Michael Braum

Editorial

Erst wer in einen Stau hineinfährt oder gerade den Bus verpasst hat, hat die Muße, sich über den Ort, an dem er gerade steht, Gedanken zu machen. Verkehrsräume benutzen wir, um schnell hindurchzukommen. Wir verweilen nur, wenn wir dazu gezwungen sind.

Verkehrsgerechte Schneisen, sicherheitsoptimierte Abgrenzungen und auf den Extremfall ausgelegte technische Anforderungen prägen den öffentlichen Raum unserer Städte. Auf die Bedürfnisse des Autofahrers ausgelegte Querschnitte erfahren ihre verkehrstechnische Optimierung durch im eigenen Gleisbett geführte Straßenbahntrassen. Deren Haltestellen oder die der Omnibusse künden eher von fördertechnischen Anforderungen und Pflegeleichtigkeit als von einer sensiblen Einbindung in den öffentlichen Raum. In unseren Verkehrsräumen ist Baukultur schlichtweg selten vorhanden.

Um ein Bewusstsein dafür zu schaffen, dass sie gerade in diesen alltäglichen Orten einziehen muss – wenn man es ernst mit dem Ansinnen meint, die Baukultur aus dem Elfenbeinturm der Baukunst holen zu wollen –, setzt die Bundesstiftung die baukulturellen Herausforderungen

an unsere Verkehrsinfrastruktur auf die Agenda des „Konvents der Baukultur 2010", der sich der „Baukultur des Öffentlichen" widmet.

Im Zusammenspiel der thematischen Schwerpunkte *Bildung, Freiraum* und *Verkehr* wird der öffentliche Raum hier in einem ganzheitlichen Sinn betrachtet. Im Zusammenwirken des Gebauten, das tagtäglich von der Bevölkerung genutzt wird, lässt sich Baukultur eindrucksvoll, über eine allgemeine Geschmacksdiskussion hinaus, mit dem Alltag der Bevölkerung in Beziehung setzen. So wird Baukultur als gestalterische Aufgabe wie als gesellschaftliche Herausforderung in den Fokus der Betrachtung gerückt.

Die Freiräume, deren baukulturelle Herausforderungen im Band 2 des Berichts der Baukultur „Wie findet Freiraum Stadt?" thematisiert werden, sind die Orte des *Zusammentreffens unterschiedlicher Lebenswelten.* Sie sind die Orte der Begegnung, der Kommunikation und der Repräsentation. Sie stehen wie kaum ein anderer Ort für die Wahrnehmung unserer Städte.

Die Bildungseinrichtungen, die prägenden Orte für die Zukunft unseres Gemeinwesens, sind in diesem Kontext die öffentlichen *Räume*

der Integration unterschiedlicher Lebenswelten.
Exemplarisch auszuloten, wie sie eine ihrem
gesellschaftlichen Stellenwert angemessene
Gestaltung erfahren können, ist der Schwerpunkt
des Bandes 1 des Berichts der Baukultur „Wor-
auf baut die Bildung?".

Bei der verkehrstechnischen Infrastruktur
steht der Nutzwert im Allgemeinen über dem
Gestaltwert. Am Beispiel ausgewählter Referenzen werden im vorliegenden Band 3 des
Berichtes der Baukultur, „Wo verkehrt die Baukultur?", Beispiele für ein gelungenes Zusammenspiel von Gestaltanforderungen, Funktionstaug-
lichkeit, Nutzerakzeptanz und Nachhaltigkeit
aufgezeigt, alles Projekte, die sich durch ein
Austarieren dieser unterschiedlichen Aspekte
auszeichnen.

Verkehrsräume sind Teil unserer Alltagskultur.
Hier müssen wir uns unserer (bau-)kulturellen
Verantwortung stellen. Im Bericht der Baukultur
werden die komplexen Aufgaben und Anforderungen an die Verkehrsinfrastruktur aus unterschiedlichen Perspektiven aufbereitet. So waren zu den
vorbereitenden Veranstaltungen neben Nutzern,
Praktikern unterschiedlichster Professionen,
Wissenschaftler eingeladen, sodass die in
dieser Publikation enthaltenen Beiträge unsere
interdisziplinäre Sicht auf die gebaute Umwelt
widerspiegeln.

Ausgehend von der Herausarbeitung der
baukulturellen Dimension von Verkehrsräumen
und -orten im Beitrag von Bernhard Heitele
und Carl Zillich, geht Friederike Meyer mit dem
ihr eigenen Blick durch unsere Städte und
beschreibt dabei ihre subjektive Wahrnehmung
der dortigen Verkehrsinfrastruktur. Michael Adler
setzt sich mit möglichen Strategien für die
Mobilität der Zukunft auseinander. Christian
Brensing öffnet uns den Blick ins Ausland, wobei
es ihm ein besonderes Anliegen ist, wie Ingenieure und Architekten mit den Verkehrsbauwerken
verbundene Aufgaben gemeinsam angehen.
Hartmut H. Topp zeigt in seinem Beitrag, wie groß
die Potenziale sind, die Verkehrsinfrastruktur in
den urbanen Kontext zu integrieren. Dass auch
bei Verkehrsbauwerken um gestalterische und
städtebauliche Qualitäten gerungen wird, machen
die fünfzehn von der Bundesstiftung Baukultur
ausgewählten Projekte deutlich. Sie führen uns
vor Augen, dass man beispielhaft Wege im
Umgang mit dem Verkehr und seiner Infrastruktur

gehen kann. Sie waren nicht einfach zu finden,
aber sie machen uns Hoffnung. Olaf Bartels hat
mit Harald Heinz, Engelbert Lütke Daldrup und
Mike Schlaich ausgewählte, im WERKSTATTGE-
SPRÄCH_BAUKULTUR erörterte Themen in einem
Interview vertieft. Von der Bundesstiftung erarbei-
tete Empfehlungen schließen den Bericht ab.

Mein besonderer Dank gilt den von uns zur
Vorbereitung des Konvents der Baukultur eingela-
denen Expertinnen und Experten, die im Rahmen
unserer Veranstaltung BAUKULTUR_VOR_ORT
und dem ergänzenden WERKSTATTGESPRÄCH_
BAUKULTUR zum Thema „Verkehr" wesentliche
Grundlagen für die Erarbeitung dieses Berichtes
geliefert haben. Sie sind im Anschluss an die
Empfehlungen namentlich aufgeführt.

Mein Dank gilt daneben allen am Bericht
beteiligten Autoren, insbesondere Olaf Bartels,
dem Mitherausgeber dieser Publikation, Gerhard
Zwickert, der die von uns ausgewählten Projekte
fotografierte, Andreas Müller und Sabine Bennecke
vom Birkhäuser Verlag sowie Ricardo Cortez, der
für die Grafik des Buches verantwortlich war.

Mein ganz besonderer Dank gilt dem Team
der Bundesstiftung Baukultur: Bernhard Heitele
und Carl Zillich, die nicht nur den Bericht mit
konzipiert haben, sondern darüber hinaus maßgeblich an der inhaltlichen Erstellung des Buches
beteiligt waren, sowie Wiebke Dürholt, die für
den organisatorischen Teil des Projektes verantwortlich zeichnete, Anneke Holz, der die Öffentlichkeitsarbeit für den Konvent oblag, Bärbel
Bornholdt und Anja Zweiger, die zur Organisation
beigetragen haben, unseren freien wissenschaft-
lichen Mitarbeiterinnen Dagmar Hoetzel und
Sanna Richter sowie den studentischen Hilfskräf-
ten Katinka Hartmann und Katharina Rathenberg,
die uns bei der Projektauswahl unterstützten.
Ausgangspunkt dafür war eine Beispielsammlung
der Mitglieder des Arbeitskreises „Baukultur am
Beispiel" des Fördervereins der Bundesstiftung,
der von Julian Wékel geleitet wird. Den Mitglie-
dern des Arbeitskreises sowie allen Landesminis-
terien, Kommunen und Büros, die unsere Recher-
chen zu dieser Publikation unterstützt haben, gilt
mein abschließender Dank.

Potsdam, im März 2010

Bernhard Heitele und Carl Zillich

Wo verkehrt die Baukultur?
Ansprüche an städtische Verkehrsräume

„Der Kopf ist rund, damit das Denken die Richtung ändern kann."

Francis Picabia (1879 – 1953)

01__„Dollar", 1980 (Karton, Bleistift, Plastikautos / 84 x 64 x 8 cm), Thomas Bayrle.

02__Interpretation des Boulevards auf einem neuen Autobahntunnel: Avenida de Portugal, Madrid, West 8 Urban Design & Landscape Architecture.

Straßen, Plätze und Verkehrsbauwerke sind alltägliche öffentliche Räume; sie sorgen für Mobilität und im besten Fall für Orientierung. Doch wenn wir uns heute durch die Verkehrsräume einer Stadt bewegen, nehmen wir diese häufig als Beeinträchtigung unserer Lebensqualität wahr. Denken wir zurück an die Boulevards großer Städte oder an das historische Netz von Straßen und Plätzen, so waren dies Verkehrsorte, die entweder einheitlich entworfen wurden, oder sich als substanzieller Bestandteil eines städtebaulichen Kontextes entwickelten und so bis heute gestalterische Qualitätsmaßstäbe setzen. Im Zuge der politischen und planerischen Intention, Stadträume autogerecht zu gestalten, wurde die Integration vielfältiger Nutzungsansprüche zugunsten der räumlichen und funktionalen Trennung der einzelnen Verkehrsmittel aufgegeben. Durch weitgehend monofunktionale Gestaltung prägen heute nur allzu oft Verkehrstrassen statt urbane Räume unsere Städte.

Lebenswerte Orte brauchen Verkehrsanlagen und -bauwerke, die räumliche Zusammenhänge nicht zerschneiden, sondern vernetzen und darüber hinaus Aufenthaltsqualitäten besitzen. Daher ist es eine der baukulturell dringendsten Aufgaben, Verkehrsanlagen, -bauten und Hauptverkehrsstraßen wieder in das Netz qualitätvoller öffentlicher Räume zu integrieren.

Verkehrsräume stellen den Bereich unserer gebauten Umwelt dar, in den unvergleichbar große Summen öffentlicher Mittel investiert werden, in dem das Bewusstsein für den Wert professioneller Gestaltung jedoch am geringsten ausgeprägt zu sein scheint. Die baukulturelle Herausforderung, die alltäglichen Verkehrsbauwerke und -räume als integrative Gestaltungsaufgaben zu qualifizieren, stellt sich in unterschiedlichsten Handlungsfeldern dar.

03__Bahnhofsvorplatz Stadsbalkon mit integrierter Fahrradgarage, Groningen, Kees Christiaanse Architects and Planners KCAP.

Berücksichtigung vielfältiger Mobilitätsansprüche

In unseren Städten benötigen alle Verkehrsteilnehmer – Fußgänger, Radfahrer, Bus und Bahn sowie das Auto – in angemessener Weise Raum zur Entfaltung, um eine befriedigende Mobilität aller sicherzustellen. Um ein Miteinander der unterschiedlichen Verkehrsarten in einem ausgewogenen Verhältnis zueinander zu organisieren, ist es notwendig, die Dominanz des motorisierten Individualverkehrs zu überwinden.

Der Aspekt der Erreichbarkeit und somit die Chance zur Teilhabe am gesellschaftlichen Leben und entsprechenden Wahlmöglichkeiten wird sich immer mehr zum Maßstab für eine zeitgemäße Mobilität entwickeln. Dazu bedarf es sowohl der organisatorischen als auch der physischen Vernetzung der verschiedenen Verkehrsmittel miteinander zu einem sogenannten inter- und multimodalen Mobilitätsverbund. Intermodal heißt

dabei, dass man einen Weg mit verschiedenen Verkehrsmitteln zurücklegt, und multimodal, dass man das für die Distanz und den Ort am besten geeignete Verkehrsmittel benutzt.

Notwendigerweise steigende Energie- und damit Mobilitätskosten, die vor allem den Autoverkehr treffen, lassen erwarten, dass sich künftig ein großer Teil der Bevölkerung intelligent und flexibel der verschiedenen Mobilitätsangebote bedienen wird. Innovative und nachhaltige Mobilitätskonzepte haben bestimmte Anforderungen an ihre räumliche Umgebung; diese reichen von ihrer baulichen Verknüpfung bis zur Abwägung über die stadträumliche Verträglichkeit eines Verkehrsmittels.

Neben der gesamtgesellschaftlichen Herausforderung, die Einsicht der Handelnden zu wecken, ist gerade in diesem von Funktion und Technik dominierten Bereich der Baukultur notwendig: Wie kann ein funktional überzeugender und gestalterisch attraktiver räumlicher Rahmen für künftige multimodale Mobilität geschaffen werden?

04__Straßenbahn auf dem Boulevard Longchamp, Marseille.

Leitideen für den (Um-)Bau von Verkehrsinfrastrukturen

Der bauliche Bestand unserer Verkehrsinfrastruktur ist häufig geprägt von einer räumlichen und
funktionalen Trennung der einzelnen Verkehrswege und einer Optimierung zugunsten des Autos.
Hauptverkehrsstraßen stellen sich als reine
Verkehrsbänder, viele Plätze als reine Verkehrsverteiler oder oft auch als Parkplätze dar. Um
solche Verkehrsräume zu urbanen Räumen mit
Aufenthaltsqualitäten um- und rückzubauen und in
städtische Kontexte zu integrieren, müssen sie
als spezifische Orte im Zusammenhang mit
benachbarten „Stadtbausteinen" als integrative
Gestaltaufgabe angesehen werden.

Dabei muss das Zusammenspiel mit den an-
grenzenden Gebäuden so ausgeprägt sein, dass
die Straßen und Plätze als hochwertige öffentliche Räume „gute Adressen" für angrenzende
Gebäude bilden. Dafür sind urbane Qualitäten
der Straßen- und Stadträume mit guter Zugäng-
lichkeit, Funktionsmischung und gewerblicher
Erdgeschossnutzung notwendig. Neben den
Hauptverkehrsräumen bietet das Parken große
Potenziale für den Stadtumbau. Es benötigt sehr
viel Platz im öffentlichen Raum, der für alternative
Nutzungen zur Verfügung stehen könnte. Im Sinne
von „kurzen Wegen" und guter Erreichbarkeit
muss der Stadtumbau mit einer Qualifizierung des
öffentlichen Personennahverkehrs einhergehen.

Die baukulturelle Herausforderung beim Umbau der Verkehrsinfrastruktur besteht darin, diesen ganzheitlich als „Stadtreparatur von Häuserfront zu Häuserfront" zu verstehen und durch den
Entwurf von zeitgemäß urbanen Straßenräumen
und Verkehrsknoten lokale Identität zu stärken.
Wie sehen urbane Freiräume aus, die unterschiedliche Verkehrsfunktionen sowohl funktional
als auch gestalterisch gut integrieren?

Attraktivität des Öffentlichen Personennahverkehrs

Eine gesamtgesellschaftliche Herausforderung beim Umbau der städtischen Verkehrsinfrastrukturen stellt der öffentliche Personennahverkehr dar. Derzeit bietet er in den meisten Städten längst nicht die für nachhaltige Mobilität notwendige Grundversorgung an; darüber hinaus erschwert ihm ein nicht immer gutes Image die Akzeptanz in allen Bevölkerungsgruppen.

Wenn Mobilität, wie zu erwarten, deutlich teurer wird, muss der öffentliche Personennahverkehr als Teil eines Mobilitätsverbundes davon profitieren. Damit er künftig im intermodalen System eine starke Säule darstellt, ist es dringend notwendig, ihn attraktiver zu gestalten. Neben eng getaktetem Fahrplan, komfortablen Transportmitteln, einfacher Nutzung und Zuverlässigkeit sollte der öffentliche Verkehr nicht nur funktionieren, sondern auch Spaß machen. Neben ungelösten Fragen der öffentlichen Finanzierung und administrativen Verantwortung ist dies auch eine baukulturelle Herausforderung.

Anders als beispielsweise in Frankreich wirken Straßenbahntrassen hierzulande zumeist wie unüberwindbare Fremdkörper, die sich städtebaulich kaum in ihre Umgebung integrieren lassen. Darüber hinaus sind Stationen oft mit wenig Anspruch und ohne Rücksichtnahme auf ihren Kontext gestaltet, Aufenthaltsqualität wird selten geboten. Durch ortsspezifischere Gestaltung und weniger monofunktionale Programmierung sollten Verkehrswege und Haltestellen von Bus und Bahn ihren Teil zur stadtgestalterischen Qualität von Straßen und Plätzen beitragen.

Verfahren und Innovation

Eine wesentliche Hürde, die der baukulturellen Qualifizierung von Verkehrsanlagen im Wege steht, sind die organisatorischen Mängel der planerischen Rahmenbedingungen; daraus resultiert unter anderem die weit verbreitete Missachtung ihres räumlichen Kontextes. Das Hauptaugenmerk beim Entwurf von Verkehrsinfrastrukturen liegt auf deren Funktionaliät und Sicherheitsaspekten. Die qualitätvolle Gestaltung spielt, wenn überhaupt, eine völlig untergeordnete Rolle. Hierfür gibt es unterschiedliche, sich gegenseitig verstärkende Gründe.

Die maßgeblichen Entscheidungen im Entwurf und bei der Gestaltung von Verkehrsanlagen werden anhand von Kostentabellen und Konstruktionsschemata getroffen, die von den beteiligten Planern und Ingenieuren nur in Ausnahmefällen in Frage gestellt werden. Aufgrund der gängigen isolierten Betrachtungsweise sind Architekten, Städtebauer oder Landschaftsarchitekten zumeist nicht in den Entstehungsprozess involviert. Für die Gestaltung werden somit Richtlinien entscheidend, die fast ausschließlich technische Aspekte, Funktionalität und Sicherheit regeln.

Verstärkt wird das Dilemma dadurch, dass die meisten Richtlinien nur eine Zielvorgabe kennen und so zu sektoralen Betrachtungen führen. Lärmschutzwände, die unsere Städte und Landschaften zertrennen, sind ein trauriges Beispiel eines gut gemeinten, aber eindimensional betrachteten Aspekts. Baukultur verlangt das Gegenteil: Sie erfordert Qualitätsmaßstäbe, in denen sich die gestalterischen Herausforderungen mit der Besonderheit des Ortes verbinden. Regelwerke müssen aus diesem Grund Interpretationsspielräume aufzeigen.

Da sie Mindeststandards absichern sollen, ist es wichtig, Möglichkeiten und Finanzierungsoptionen einzubauen, die innovative Ansätze zulassen. Kreative Ingenieure können berichten, wie schwer es ist, für innovative Ansätze, die zwar von den Regelwerken abweichen, aber fachlich bessere Lösungen darstellen, Genehmigungen zu erlangen. Innovationen können erst durch Erprobung umfassend bewertet werden; dementsprechend dürfen Regelwerke ihrer eigenen Weiterentwicklung nicht im Wege stehen, sondern sollten diese durch Offenheit und Flexibilität beinhalten und ermöglichen. Ohne dass die Verantwortung für die Gestaltung von Verkehrsinfrastruktur in dialogfähige Strukturen zurückgeführt wird, kann in diesem Bereich kein nennenswerter Fortschritt erzielt werden.

Zudem sind für die Verkehrsinfrastruktur, verglichen mit anderen öffentlichen Bauaufgaben, Ingenieur- und Architektenwettbewerbe alles andere als selbstverständlich. Mit Hilfe des Ideenwettstreits kann am ehesten die beste Lösung für konstruktive, städtebauliche oder architektonische Aufgaben gefunden werden. Nutzt man diese nicht, wird eine große Chance für Baukultur, insbesondere für die Qualität der gebauten Umwelt und für technische Innovation, vertan.

05__Der Zentralplatz in Biel als Begegnungszone.

06__Passerelle Simone-de-Beauvoir, Paris, Dietmar Feichtinger Architectes.

07__Weniger Verkehr schafft mehr Spielraum. Der Rubens Square in Knokke, Belgien, Robbrecht en Daem architects.

Akteurskonstellationen: Vorbild, Verantwortung und Interdisziplinarität

Die Gestaltung von Verkehrsinfrastrukturen nimmt durch eine an Richtlinien orientierte Praxis häufig nahezu „autistische" Züge im Stadt- und Landschaftsraum an. Wie Gestaltqualität in diese alltäglichen Ingenieursaufgaben Eingang findet, ist für die Baukultur in Deutschland eine Schlüsselfrage. Da die Planung der Regelwerke wie die Regelung der Planung von Verkehrsinfrastruktur in der Zuständigkeit der öffentlichen Hand liegen, ist die Verantwortlichkeit eindeutig, wird aber durch unterschiedliche Zuständigkeiten von Bund, Ländern und Gemeinden verunklärt. Um beim Bau der alltäglichen Verkehrsbauwerke eine in der Realität ganzheitliche Qualität zu erzielen, bedarf es des politischen Rückhalts auf allen Ebenen. Nur so kann die öffentliche Hand ihrer Vorbildfunktion gerecht werden.

Es gibt keinen öffentlichen Baubereich, in dem die gestalterische Qualität in der Praxis so weit von ihren Möglichkeiten entfernt ist wie in dem der Verkehrsinfrastruktur. Wirtschaftliche Aspekte und (vermeintlich) funktionale Zwänge bestimmen die Konzeption von Richtlinien und Förderprogrammen. Die durch verschiedene, administrativ und damit auch personell entkoppelte Planungsstufen quasi entpersonalisierte Planungspraxis führt zu einer vagabundierenden und damit nicht wahrgenommenen Verantwortung mit schwerwiegenden Folgen für unsere gebaute Umwelt. Dies geht so weit, dass der Vorentwurf als Grundlage für die Ausschreibung ohne Chance auf Beauftragung ist, die Entwurfsplanung aus vergaberechtlichen Gründen nur an einen anderen Planer vergeben werden kann und die oft durch ein Nebenangebot beauftragte Ausführungsplanung wiederum an einen Dritten vergeben wird. So profitieren zwar alle Beteiligten von diesem Verfahren, Verantwortung für die Baukultur bleibt allerdings auf der Strecke. Verkehrsbauten werden von vielen Verantwortlichen oftmals nicht als öffentlicher Beitrag zur Gestaltung der gebauten Umwelt gesehen, sondern als ausschließliche Zweckerfüllung behandelt.

Für die Planung und den Entwurf der technischen Infrastruktur sind originär Bauingenieure gemeinsam mit Landschaftsarchitekten, Städtebauern und Architekten zuständig. Zeichnen die Ingenieure zuvorderst für den konstruktiven Entwurf verantwortlich, sind weitere gestalterische Aspekte relevant, ob am Objekt oder bei der Integration des Bauwerks in den ihn umgebenden Stadt- und Landschaftsraum, für die Architekten, Landschaftsarchitekten und Städtebauer kompetent sind. In den letzten Jahrzehnten haben sich Architekten, Landschaftsarchitekten und Städtebauer zunehmend aus diesen Aufgabenfeldern zurückgezogen. So haben sich im Lauf der Zeit beinahe klischeehafte Mentalitätsunterschiede der Disziplinen verfestigt, an denen ein konstruktives Zusammenspiel häufig scheitert: Architekten verstehen sich als kreative Gestalter, die Projekte hinterfragen; Ingenieure als solide Prüfer, die Projekte „Rechnungshof-fest" machen, beiden mangelt es oftmals an Offenheit und Dialogfähigkeit.

Lebensqualität und Baukultur

Die beschriebenen Rahmenbedingungen zeigen das über Jahrzehnte durch Regelwerke wie durch vermeintliche Deregulierung entstandene Geflecht auf, bei dem Baukultur „unter die Räder" gekommen ist. Abhängigkeiten, wo Konkurrenz nötig wäre, Besitzstandswahrung, wo Zusammenarbeit gut tun würde, und standardisierte Lösungen, wo Innovation notwendig scheint, prägen nicht immer, aber allzu oft die Entstehung unserer Verkehrsinfrastruktur. Der Dialog „auf Augenhöhe" findet, wenn überhaupt, nicht im Alltagsgeschäft statt. Die gesellschaftliche Verantwortung wird auf politischer wie fachlicher Ebene gerne bei den anderen Akteuren gesucht.

Die Herausforderung bleibt, allen Verkehrsteilnehmern wie den Bewohnern Lebensräume zu schaffen, die den komplexen Anforderungen gerecht werden und gleichzeitig einen Mehrwert für den jeweiligen Ort ausbilden. Daher bedeutet Baukultur, gerade im Bereich des Verkehrs, unterschiedliche Kompetenzen zu integrieren, gemeinsam Verantwortung zu übernehmen und mit Hilfe von Transparenz und ernst gemeinter interdisziplinärer Kooperation Qualität zu liefern, wo öffentliche Gelder fließen. Die lobenswerten Ausnahmen von der Regel im eigenen Land und die erreichten Standards anderer europäischer Länder zeigen, dass es möglich ist, Verkehrsanlagen als Baukultur zu begreifen. In der Politik, im Praxisalltag und in der Ausbildung muss der Wille gestärkt werden, Lebensqualität als die Funktion zu begreifen, die am Anfang und am Ende eines jeden Infrastrukturprojektes stehen sollte und gestaltet werden kann.

Daher ist es unabdingbar, Rahmenbedingungen zu schaffen, die ein interdisziplinäres Zusammenspiel der verschiedenen Bauschaffenden befördern, um die unterschiedlichen Ansprüche an Verkehrbauten angemessen berücksichtigen zu können. Hierfür sind professionalisierte Kommunikationsprozesse notwendig, die in Abhängigkeit der jeweiligen Kompetenzen die Qualität der gebauten Umwelt als integratives Ziel verfolgen. Um allen Akteuren die notwendige breite Basis für integrierte Planung von Verkehrsinfrastrukturen zu geben, sind konstruktive und praxisnahe Auseinandersetzungen zwischen den einzelnen Fachdisziplinen in Aus- und Weiterbildung essenziell. Es wäre unserem Land zu wünschen, wenn bei den Verantwortlichen das Bewusstsein wächst, dass sich gerade im Bereich des Verkehrs mit einem klug austarierten Mitteleinsatz die Baukultur substanziell verbessern lässt.

Friederike Meyer

Das Auge fährt mit
Wie sieht die Verkehrsinfrastruktur in Deutschland aus?

01__Die 2004 mit dem Renault Traffic Future Award ausgezeichnete Verkehrssteuerung mahnt nicht nur zur Vorsicht. Sie bedankt sich auch für eine angemessene Fahrweise.

02__Für die Renaissance der Bahnhöfe in den 1990er Jahren steht der Neubau des Bahnhofes am Flughafen Frankfurt am Main. Architekten: Bothe Richter Teherani.

03__Der erneuerte Dresdener Hauptbahnhof ist ein weiteres Beispiel für die Renaissance der deutschen Bahnhöfe in den 1990er Jahren. Architekten: Foster + Partners.

04__Er war umstritten und gehört doch zu den Höhepunkten der deutschen Architektur und Ingenieurbaukunst: Der Berliner Hauptbahnhof. Architekten: Gerkan, Marg & Partner, gmp; Ingenieure: Schlaich, Bergermann + Partner.

Die Infrastruktur entscheidet maßgeblich über die Attraktivität einer Stadt. Die größten Anreize für das Wohnen in der Innenstadt, das hat eine Emnid-Studie im Jahr 2002 ergeben, sind für 85 Prozent der deutschen Bevölkerung schöne öffentliche Plätze sowie Grünflächen und Parkanlagen. Für 74 Prozent würde das Innenstadtleben durch bessere Lösungen des Individualverkehrs attraktiv, und ein guter Verkehrsfluss könnte mehr als zwei Drittel der Befragten die City schmackhaft machen. Doch wie nehmen wir die Bahnhöfe und Haltestellen, die Straßenränder, Knotenpunkte und Parkhäuser des Landes wahr? Wie bestimmt insbesondere deren optische Erscheinung unser Befinden und Verhalten im Verkehr?

Renaissance?

Als Reichsbahn und Bundesbahn im Jahr 1994 zur Deutschen Bahn AG fusionierten, hatte das neue Unternehmen nichts Geringeres als einen kulturellen und gesellschaftlichen Epochenwechsel angekündigt: Die Renaissance der Bahnhöfe. Was damit gemeint war, ist heute zum Beispiel am hellen Dresdner Hauptbahnhof zu sehen, bei dem die historische Tragstruktur des Dachs mit einer textilen Haut überspannt wurde, oder am Frankfurter Flughafenbahnhof, wo von der Anzeigetafel bis zur Deckenverkleidung alles aufeinander abgestimmt ist. In der Kieler Bahnhofshalle (siehe Seite 90), die saniert und mit einer eleganten neuen Stahlkonstruktion ergänzt wurde, und nicht zuletzt am Berliner Hauptbahnhof. Auch wenn der juristische Streit über das aus Kostengründen verkürzte Glasdach und die banalisierte Decke im Untergeschoss die Diskussion über das Bauwerk dominierte, haben die Architekten und Ingenieure ein Meisterwerk vollbracht: mit dem vier Kilometer langen Tunnel, der durch den grundwassergetränkten Berliner Boden getrieben wurde, den filigranen Stützen der Brücke, über die eine der am stärksten befahrenen

05   Die ICE-Strecke Köln-Frankfurt markiert gegenüber den Highlights der Bahnhöfe in Berlin, Dresden oder Frankfurt am Main die Baukultur im Alltag.

06__Der ICE-Bahnhof in Montabaur zeugt eher von Mittelmäßigkeit, als dass er ein Wohlbefinden der Reisenden auslösen würde.

Schienenstrecken der Republik führt, und bei der mehrgeschossigen Halle, in der das Licht bis in die unterste Ebene dringt – deutsche Ingenieurkunst auf höchstem Niveau.

Doch was geschieht jenseits dieser eindrücklich zurechtgemachten Großstadthaltepunkte? Über den teilweise vernachlässigten Zustand der restlichen mehr als 5000 Bahnhöfe können sie nicht hinwegtäuschen. Bei einigen dominieren Papierkörbe und Aschenbecher den Gleisrand, andere hingegen sind derart kommerzialisiert, dass die Reisenden Schwierigkeiten haben, die Zuginformationen vom Wust der Werbebotschaften zu unterscheiden. Manchmal hat es den Anschein, allein Sicherheitsvorschriften hätten die Veränderungen der Vergangenheit bestimmt, bei denen dann meist nur bis zur nächsten Bahnsteigkante gedacht wurde. Das Fugenraster des

Bodenbelags mag eine Kleinigkeit sein, kann aber auf den Gesamteindruck eines Bahnsteiges entscheidenden Einfluss haben.

Ein Beispiel für verspielte Chancen ist das sechs Milliarden Euro teure Vorzeigeprojekt der Bahn, die im Jahr 2002 eröffnete ICE-Strecke von Köln nach Frankfurt. Auf die brachiale Baukastenoptik der Brücken, die aus Kostengründen als standardisierte Einfeldträger geplant wurden, die kunterbunten Schallschutzwände und nicht zuletzt die Bahnhöfe in Montabaur und Siegen, die als moderne Dienstleistungszentren gedacht waren und als medioker detaillierte Formorgien geendet sind, hagelte es gleich nach Eröffnung Kritik. Inzwischen hat die Bahn Verantwortung übernommen und im Jahr 2007 einen Brückenbeirat gegründet, der Gestaltungsgrundsätze entwickelt hat.

07__In Frankfurt am Main, wie in vielen anderen deutschen Städten, betritt man die Stadt auf dem Bahnhofsvorplatz mit der Aufforderung zum Abgang in den Untergrund.

Problemzone Knotenpunkt

Wer heute die Finanzmetropole Frankfurt am Main erreicht, landet, nachdem er die verbogenen Schwingtüren der Bahnhofshalle aufgedrückt hat, auf einer kaugummiverklebten, an mehreren Stellen notdürftig geflickten Steinplattenfläche und blickt, noch bevor er die Banktürme durch die Palmenbepflanzung eines Freiluftcafés erkennt, auf einen Müllbehälter der deutschen Bahn. Dahinter rücken Leihfahrräder und eine Carsharing-Station in den Blick, umgeben von Reklametafeln und Wegweisern. Schließlich ist der Bahnhofsvorplatz durch eine Unterführung von der Straßenbahnhaltestelle getrennt, damit die Autos möglichst nah am Gebäude vorbeibrausen können. Ein Einzelfall? Keineswegs. Vielerorts wirken die Stadteingänge eher wie Abstellflächen für Imbissbuden, Infotafeln und Unterstände des öffentlichen Nahverkehrs. Besserung ist in Sicht. In Karlsruhe, Essen, Wiesbaden und Würzburg zum Beispiel, und auch in Frankfurt am Main,

dies zeigt ein Blick auf die Wettbewerbsstatistik, hat man bereits erkannt, dass ein interdisziplinäres Wettbewerbsverfahren ein erster und guter Schritt für die Verbesserung dieser über Jahre vernachlässigten Zonen ist.

Die Tücke steckt im Detail. Nahezu konzeptlos erscheint der Anblick vieler Bus- und Bahntrassen im Land. Beim Organisieren der komplexen Schnittstellen, wo es vom Bus in die Bahn oder vom Taxi aufs Fahrrad geht, aber auch bei der Gestaltung einfacher Haltestellen scheinen sich viele Kommunen und private Betreiber aus den Katalogen der globalisierten Großkonzerne zu bedienen, anstatt Planer und Gestalter ans Werk zu lassen, die dem Stadtmobiliar nicht nur eine unverwechselbare Note verleihen könnten, sondern auch das eine auf das andere abstimmen und dabei verhindern, dass jede Abteilung und jedes Gewerk nur bis zur Grenze des jeweiligen Zuständigkeitsbereichs denkt und handelt oder dass die Ideen im Ping-Pong-Spiel verschiedener kommunaler Behörden zerrieben werden.

Einig Regelland

Gerne diskutieren wir in Deutschland darüber, wie der Verkehr möglichst sicher durch unsere Städte geleitet werden kann. Die Politiker lassen dann, oft in der Hoffnung die nächsten Wahlen zu gewinnen, Tunnel graben, Straßen verlegen oder neue Umgehungsstraßen bauen, Haltestellen und Fußwege umzäunen oder Ampeln und Schilder aufstellen. Bis zur totalen Unübersichtlichkeit. Durch Warnhinweise, Absperrungen und Barrieren versuchen wir Unfälle zu verhindern und vergessen deren Frustrationspotenzial. Wäre es zum Beispiel nicht möglich, dass Kinder ohne Ampel viel besser die Geschwindigkeit eines fahrenden Autos einzuschätzen lernen? Wenn sein Fahrer nämlich durch entsprechende Bodenbeläge und Straßenbreiten für eine angemessene Fahrweise sensibilisiert würde? Ein Besuch der Ulmer Innenstadt zum Beispiel zeigt, dass dies möglich ist (siehe Seite 86).

Verkehrsplanung in Deutschland, so hat es mitunter den Anschein, folgt dem Motto: Viel hilft viel. Dies verdeutlicht nicht zuletzt eine Fahrt durch die mit Lärmwänden abgeschirmten Straßen und Bahntrassen der Republik. Mal versucht eine wechselnde Farbgebung über ihre Tristesse hinwegzutäuschen, mal wirken dicht gerammte Holzbohlen in unterschiedlicher Höhe, als hätten die Anwohner selbst den Asphaltrand mit Geräuschbarrikaden versehen, so brachial, dass sich nicht einmal Rankpflanzen daran festkrallen mögen.

Nichts als Zahlen

Die mediale Kommunikation über Infrastrukturbauten, und auch diese gehört ja irgendwie zum Erscheinungsbild, lässt den Eindruck entstehen, gute Verkehrsplanung werde ausschließlich über Kapazitäten und Kosten definiert. Zum Beispiel die Selbstdarstellung des zukünftigen Flughafen Berlin Brandenburg International (BBI) im Internet. Hier geht es vorrangig um Passagieraufkommen und Landebahnlängen. Worte über die Bauten selbst sind auf austauschbare Formeln reduziert. „Der BBI wird mit Anklängen an die regionale Bautradition klar in der deutschen Hauptstadtregion verortet. Das Terminal greift mit seinen gegliederten Fassaden und klaren, geometrischen Formen architektonische Elemente von Schinkel bis zum Bauhaus auf", heißt es auf der Webseite der Berliner Flughäfen. Die wenigen vage gezeichneten Bilder des neuen Terminals geben Auskunft über den Stellenwert, den die Architektur bei diesem Projekt besitzt, an dem der Bund mit 26 Prozent und die Länder Berlin und Brandenburg mit jeweils 37 Prozent beteiligt sind. Die Presse wird stattdessen mit allerlei Zusatzinformationen gefüttert, mit Angaben über die Zahl der geplanten Lautsprecher und Brandmelder sowie mit Informationen über die Menge der gefüllten Ordner zur Entwurfsplanung, deren Verfasser, so gut sie auch arbeiten mögen, keinen Architekturwettbewerb durchlaufen mussten, sondern in einem Verhandlungsverfahren ermittelt wurden, bei dem die Gestaltung bekanntermaßen eine untergeordnete Rolle spielt.

Wettbewerbe!

Dass die deutsche Verkehrsinfrastruktur nicht nur aus gestalterischen Banalitäten, unübersichtlichen Knotenpunkten und lärmgeschützten Schneisen besteht, beweisen vor allem jene Projekte, die aus Wettbewerben hervorgegangen sind.

Die gute Nachricht: Sie werden immer mehr. Das zeigen etwa die zahlreichen Verfahren für Fußgängerbrücken, Bahnhofsvorplätze und auch für Parkhäuser, die im vergangenen Jahrzehnt vom notwenigen Übel zur gestaltungswürdigen Bauaufgabe avanciert sind. Ein gutes Dutzend ist allein im letzten Jahr entschieden worden, viele fertiggestellte Projekte haben inzwischen Preise erhalten. Das Parkhaus am Leipziger Zoo zum Beispiel, das die Besucher durch seine mit Bambus verkleideten Gänge einstimmt, das Bosch-Parkhaus der Neuen Messe Stuttgart, das als Landschaftsbrücke mit einer 100 Meter langen Konstruktion aus Fachwerkträgern über Autobahn und ICE-Strecke spannt und ein markantes Wahrzeichen der Neuen Messe geworden ist, oder auch die Salvatorgarage in München, bei der ein 1960er Jahre-Parkhaus um fünf Geschosse aufgestockt und mit einer Stahlblechfassade in computergenerierter Mikadostäbchenoptik verkleidet wurde (siehe Seite 106).

Traffic Future

Europaweit einzigartig bei der Förderung gut gestalteter Verkehrsbauwerke ist der Renault Traffic
Future Award. Mehr als 1200 Projekte wurden
seit der ersten Ausschreibung im Jahr 2000 ein-
gereicht, über hundert davon erhielten Preise. Der
Auslober beschränkt sich mit dem Preis nicht auf
Werbung für die eigenen Produkte, wie viele seiner Konkurrenten, die mit namhaften Architekten
und deren Aufsehen erregender Architektur die
Automobile als Kultobjekte und ihren Verkauf als
Happening inszenieren. Er platziert seinen Namen
neben vorbildlichen Bauten, mit denen die Allgemeinheit tagtäglich und überall konfrontiert ist.

Nicht nur das. Neben Brücken, Parkhäusern,
Haltestellen und Tunneln prämiert der Preis auch
Projekte, die nach Ansätzen suchen, eingefah-
rene Verhaltensweisen zu hinterfragen. „Endlich
eine Verkehrssteuerung im Positiven!", lobte die
Jury im Jahr 2004 eine, wenn auch nicht neue, so
doch verblüffend simple Alternative in Bad Lipp-
springe zum zunehmend wirkungslosen Einsatz
von Verkehrsschildern und ihrer oftmals drohen-
den Aussage. Auf einem Dialog-Display erscheint
bei zu schnellem Fahren in Rot das Wort „Langsam!", bei vorschriftsmäßiger Fahrweise leuchtet
grün ein „Danke!" auf. In diesem Zusammenhang
verdeutlicht der Preis, dass erfolgreiche Verkehrsinfrastruktur nicht nur von Effizienz, Sicherheit und
technischen Innovationen abhängt, sondern auch
von deren optischer Erscheinung und davon, wie
wir sie wahrnehmen.

08__Das Bosch-Parkhaus an der Neuen Messe Stuttgart ist eines der ausgezeichneten Beispiele, die in einem Wettbewerb
überzeugen konnten. Architekten: Wulf und Partner, 2007.

04   Schilder kann man nicht unbedingt zur Orientierung bei: Gute Ästhetik kann auch eine positive Verkehrssteuerung bewirken

Michael Adler

Menschen sind wichtiger als Autos
Mobilitätskonzepte im 21. Jahrhundert

01__ In Kopenhagen ist das Fahrrad das Stadtvehikel der Zukunft.

„Menschen sind im Stadtraum wichtiger als Autos", stellt der Kopenhagener Stadtplaner und Architekt Jan Gehl fest. „Und das erkennen immer mehr Politiker – ganz egal, wo auf der Welt." In Zukunft, sagen wir in zwanzig bis dreißig Jahren, werden viele Städte so sein wie Kopenhagen. Im Zweifel noch einen qualitativen Schritt weiter. Denn in der elektrisch angetriebenen Mobilität beginnt der technische Fortschritt erst jetzt so richtig. Die Batterietechnik wird vor allem weiterentwickelt. Die Stromspeicher werden leistungsfähiger. Die Autos werden allerdings gleichzeitig kleiner und leichter. Trotz aller derzeit noch bestehenden Probleme, werden wohl in dreißig Jahren die verbliebenen Reste vom Autoverkehr zum Großteil elektrisch angetrieben. Die kleinen und leichten Stadtautos werden an gut verteilten Ladestationen angedockt und können dort mit einer „MobiltätsCard" ganz einfach und spontan geliehen werden. Der öffentliche Verkehr wird in den nächsten drei Jahrzehnten zusammen mit dem Fahrrad zum Rückgrat moderner Stadtverkehrspolitik. Auch Busse werden zum großen Teil elektrisch betrieben. In vielen Städten werden Oberleitungsbusse eine Renaissance erleben. Diese Infrastruktur ist viel weniger aufwendig, als eine Straßenbahn oder gar eine U-Bahn neu zu bauen. In der Übergangszeit werden Hybridbusse den fossilen Treibstoffanteil deutlich reduzieren. Das Hauptaugenmerk der Vernetzung wird auf Fahrrad und öffentlichen Verkehr gelegt. Fahrradleihstationen, in gebirgigen Gegenden auch mit Elektrounterstützung, verlängern die Wegekette über die Endhaltestelle hinaus. Das Fahrrad wird mit seiner kostengünstigen Infrastruktur wieder das Stadtvehikel der Zukunft. Der Rückgang der individuellen Automobilität auf 10 bis 20 Prozent aller Wege, wovon gut die Hälfte mit Mietautos zurückgelegt wird, verschafft den Menschen wieder viel mehr Platz in ihren Städten. Der Modal Split, also die Verteilung aller zurückgelegten Wege in einer Stadt, wird sich gravierend in Richtung emissionsarme Mobilität verschieben. 50 bis 70 Prozent der Wege werden zu Fuß und auf dem Rad zurückgelegt. Auf längeren Distanzen kommt ein öffentlicher Verkehr zum Einsatz, der das Schweizer Vorbild unserer Zeit noch perfektioniert hat. Sein Anteil am Modal Split liegt zwischen 20 und 40 Prozent. Shared-Space-Bereiche, oder

02__Auch die Organisation von Parkflächen für Fahrräder kann zu einem Problem werden.

Begegnungszonen, wie die Schweizer sagen, in denen sich alle Verkehrsträger gleichberechtigt und mit einem Minimum an Schildern den Raum fair teilen, werden zur Regelgestaltung. Dies vor allem in den Räumen dicht bebauter Städte, in denen besonders viel Leben und Bewegung herrscht. Das Gefahrenpotenzial, das heute noch von einem hohen Anteil Autoverkehr in diesen Schutzreservaten für Fußgänger und Radfahrer ausgeht, wird durch die Marginalisierung des Autoverkehrs extrem minimiert. Die derzeit oft als zu utopisch abgelehnte Vision Zero, die Vision von null Verkehrstoten, haben alle zivilisierten Städte für ihr Verkehrssystem als verbindlich akzeptiert.

Parks statt Parkplätze

Parks haben Parkplätze ersetzt und grüne Fuß- und Radwegenetze durchziehen die Städte. Verkehrslärm und Luftschadstoffe aus Auspuffen gehören der Vergangenheit an.

Diese Vision, die vielerorts noch wie eine Verheißung einer fernen Zukunft klingen mag, ist heute schon an vielen Orten am wachsen. Die Idee einer nachhaltigen Stadtpolitik ist in Kopenhagen vielleicht am weitesten entwickelt, aber andere Städte wie Amsterdam, Stockholm, Bozen, Paris, London oder Karlsruhe sind ebenfalls auf dem Weg.

Jan Gehl, der engagierte Stadtplaner aus der dänischen Hauptstadt, hat zusammen mit dem Bürgermeister Klaus Bondam den Begriff „Copenhagenize" geprägt. Die australische Millionenstadt Melbourne etwa nimmt sich die Dänen-Metropole zum Vorbild und strebt für 2015 einen Radverkehrsanteil wie Kopenhagen, gut 35 Prozent, an. Für eine australische Stadt ist das ein revolutionäres Ziel. New York wurde von Gehl beraten und legte 750 Kilometer neue Radwege an, verbreiterte Fußwege und gab den Menschen große Plätze zurück. Im Mai 2009 wurden autofreie Plätze an Times Square, Herald Square und Madison Square eingeweiht. „Es war unglaublich zu sehen, wie unsere neuen Plätze angenommen wurden – Zehntausende strömten gleich auf die neuen, lebendigen Areale in Manhattan", beschreibt Gehl die Rückeroberung des öffentlichen Raumes durch die Menschen. Für ihn hat diese Art der Verkehrspolitik auch immer eine soziale Funktion: „Öffentlicher Raum ist im Wesentlichen eine Begegnungsstätte von Menschen aus allen Gesellschaftsschichten, aus den verschiedensten Milieus, egal welcher Herkunft oder Hautfarbe. Öffentlicher Raum ist sozial und demokratisch."

Die Zeit ist reif für diese Veränderungen. Ein schlichtes „Weiter so!" unseres bisherigen Mobilitätsstils stößt unweigerlich an ökologische wie ökonomische Grenzen.

2007 – das Jahr der Grenzen

2007 wurden gleich mehrere Grenzen überschritten. Erstmals lebten mehr Menschen in Städten als auf dem Land. 2030, so die Prognosen, werden es 60 Prozent sein. Der Großteil der Verstädterung spielt sich in sogenannten Mega-Cities der Südhalbkugel ab. Aber auch in China sprießen Millionenstädte wie Pilze aus dem Boden. Oft hält in den Mega-Cities der Ausbau der Infrastruktur nicht mit dem Tempo des Zuzugs Schritt.

Der öffentliche Verkehr wird oft stiefmütterlich behandelt und die Automobilisierung bricht sich Bahn, bis zum Stillstand. Entsprechend chaotische Zustände herrschen in Shanghai, Mumbai oder Bangkok. Die Riesenstädte ersticken in Stau und Smog, obwohl sie bei weitem noch nicht den Motorisierungsgrad der Industriemetropolen erreicht haben.

2007 kletterte der Preis pro Barrel Rohöl auf den historischen Höchststand von knapp 145 Dollar. Die weltweite Wirtschafts- und Finanzkrise dämpfte die Nachfrage nach dem Schmierstoff unseres Wirtschaftsmodells und damit den Preis. Die Entspannung ist allerdings nur eine Atempause. Das glauben inzwischen nicht mehr nur Öko-Aktivisten. Auch die Internationale Energie Agentur (IEA) warnt immer lauter vor dem Versiegen der Erdölvorräte. Für die Mobilität hat das schwerwiegende Folgen. Schiffe, Autos, Lkw und Flugzeuge bewegen sich bisher zu 99,9 Prozent mit fossilen Brennstoffen. 60 Prozent allen geförderten Erdöls fließt in die Tanks unserer Transportmittel.

2007 war, zum Dritten, das Jahr, in dem der britische Ökonom Stern seinen Bericht über die wirtschaftlichen Folgen des Klimawandels an Premierminister Tony Blair überreichte, und in dem Al Gore mit seinem Film „Eine unbequeme Wahrheit" die Zusammenhänge von steigenden Temperaturen und Meeresspiegeln mit dem menschlichen Verhalten der letzten hundert Jahre verdeutlichte.

Das fossil betriebene Mobilitätsmodell der letzten fünfzig Jahre stößt an viele Grenzen. Der Mineralölkonzern Shell glaubt dennoch, dass sich die derzeit 700 Millionen Pkw auf unserem Planeten in den nächsten zwanzig Jahren verdoppeln werden. Das deutsche Verkehrsministerium geht für das Jahr 2030 von maximal 60 Dollar Ölpreis pro Barrel aus. Beide irren. Jedenfalls ist ein solches Szenario unter den derzeit geltenden Rahmenbedingungen völlig unvorstellbar.

Der Paradigmenwechsel in den Metropolen der Industrieländer hat schon längst eingesetzt. Paris fährt Rad, London geht zu Fuß und die dänische Hauptstadt Kopenhagen, Austragungsort der Weltklimakonferenz 2009, ist längst Vorbild für viele Städte dieser Welt, die nachhaltig wachsen wollen.

03__Das velib'-System in Paris gilt als Vorreiter der Fahrradleihstationen in Europa.

Jugend will keine Autos mehr

In den Köpfen der Menschen und bei vielen Lokalpolitikern reift die Idee, dass der autogerechte Umbau unserer Städte ein Irrweg war und die Rückgewinnung des öffentlichen Raumes für Fußgänger, Radfahrer, kurz gesagt für die Menschen, die Bürger, das Gebot der Stunde ist. Wohlgemerkt, aus ökonomischen, ökologischen und sozialen Gründen.

Die Sorge über das veränderte Denken von jungen Menschen in den Metropolen der Welt betrifft Daimler gleichermaßen wie Toyota. Die

Jugend will nicht mehr zuerst und vor allem ein Auto. „Oh Lord, won't you buy me a Mercedes Benz", mag noch das Lebensgefühl der Woodstock-Generation getroffen haben. Heute will die Jugend iPhones, Laptops und mit den Freunden in aller Welt skypen. Die Verkehrsmittelwahl fällt pragmatisch aus. Mitfahrzentralen, Mietwagen, Bus, Bahn, Bike und Billigflieger laufen dem privaten Pkw den Rang ab. Bei der aktuellen Großstudie „Mobilität in Deutschland" gaben lediglich noch 31 Prozent der 18- bis 24-Jährigen an, täglich mit dem Auto unterwegs zu sein. Tendenz weiter fallend.

In Paris sind die Leihfahrräder von velib' zum In-Verkehrsmittel avanciert. Über 20 000 davon sind über das Stadtgebiet verteilt und haben die französische Hauptstadt zu einer Pilgerstädte für Verkehrsplaner und Kommunalpolitiker aus aller Welt gemacht. Der sozialistische Bürgermeister Bertrand Delanoe sperrt im Schnellverfahren Plätze für den Autoverkehr und gibt den öffentlichen Raum an Fußgänger zurück. Die verbreiterte Flaniermeile auf den Champs Elysées sind ein Beispiel, der Platz vor dem Gare du Lyon ein anderes. Busspuren entstehen buchstäblich über Nacht. Derzeit ist analog zu velib' ein Autoleihsystem ausgeschrieben, mit dem 3000 Autos über die Stadt verteilt werden sollen. Paris zeigt, dass, politischer Wille vorausgesetzt, in kurzer Zeit ein Wandel in der Mobilitätskultur einer Millionenstadt möglich ist.

Was die Leihfahrräder für Paris sind, war die Congestion Charge für London. Der charismatische Bürgermeister Ken Livingston zog 2003 die Konsequenz aus dem täglichen Dauerstau in der Londoner City. Wer mit dem Auto hinein will, muss zahlen, derzeit acht Pfund pro Tag. Die City-Maut wird erhoben von der Organisation „Transport for London", die auch für den Betrieb des öffentlichen Verkehrs zuständig ist und in den letzten Jahren verstärkt in den Ausbau der Fahrrad- und Fußgängerinfrastruktur investiert hat. Es bleibt also in London nicht beim Aussperren der Autofahrer, sondern es erfolgt gleichzeitig eine Verbesserung der Alternativen. Allein für den Auf- und Ausbau eines komfortablen Fußwegnetzes investiert London Jahr für Jahr 10 Millionen Pfund, die sieben Angestellten, die ausschließlich für Fußverkehr zuständig sind, nicht mitgerechnet. Auch große Platzberuhigungen wie am Trafalgar Square gehen auf andere Budgetposten. Das hat sich auch unter dem konservativen Bürgermeister Boris Johnson nicht verändert.

Der neue Status

Veränderungen in Paris, London, New York gehen an den Trendsettern, den Reichen und Kreativen, nicht spurlos vorbei. Bei der Frage „Was ist modern" haben Werber eine große Deutungsmacht. Der belgische Werbepapst Guillaume van Stichelen gab auf der Weltfahrradkonferenz Velo-

city 2009 in Brüssel folgende Geschichte zum Besten: „Ich war mit vielen angesagten Leuten in einem angesagten Hotel in New York. Dieses Hotel verlieh Fahrräder. Ich stieg also auf den Sattel und entdeckte die Stadt aus einer völlig neuen Perspektive. Im Gegensatz zur Metro sieht man was von der Stadt, mit dem Taxi steht man im Stau, und zu Fuß sind die Wege zu lang. Das Bike ist perfekt für New Yorker Distanzen. Zu meinem geschäftlichen Treffen kamen alle mit ihren Porsches, Mercedes Benz' und Aston Martins. Ich kam mit dem Bike und ich war die große Show. Und Al Gore mein Freund."

Van Stichelen machte damit deutlich, dass Radfahren in der Stadt inzwischen mit Status belegt ist. Man schont das Klima, hält sich fit und ist am Ende auch noch schneller. Der Status des hochmotorisierten Autofahrens hingegen schmilzt in Zeiten des Klimawandels wie so mancher Alpengletscher in der Sommersonne.

Das einzige Auto, das im Moment den Status von Innovation und Zukunftsfähigkeit hätte, wäre das Elektroauto, wenn es denn welche gäbe. Derzeit reden alle vom Elektroauto, nur kaufen kann man außer ein- bis zweisitzigen Kleinfahrzeugen und dem Luxusspielzeug Tesla kein strombetriebenes Auto. Der Knackpunkt für das Elektromobil ist die Batterie. Selbst wenn knappes Lithium schon in der nächsten Generation in den Stromspeichern verwendet wird, bleibt die Reichweite auf 150 Kilometer beschränkt. Fahrende Wohnzimmer, wie derzeit noch weit verbreitet, die bei zwei Tonnen Gewicht die spontane Mitnahme des halben Hausstandes erlauben, gehören dann allerdings der Vergangenheit an. Die Batterie für einen solchen Klotz müsste gewaltige Ausmaße haben, um halbwegs gewohnte Fahrleistungen abzurufen. Mittelfristig kostet eine solche Batterie auch eine Stange Geld. 10 000 bis 20 000 Euro extra muss man für einen modernen Stromspeicher derzeit mehr zahlen. Bei Massenproduktion möglicherweise auch bald etwas weniger.

Auch das Aufladen der Batterie braucht seine Zeit, trotz modernster Technik immer noch eher Stunden als Minuten. Vieles spricht dafür, beim Nachdenken über Elektromobilität auch gleich über den Privatbesitz am Auto mit nachzudenken.

04__Japans Ministerpräsident Yukio Hatoyama testet neue Elektrofahrzeuge, die durch ihre Größe einen großen Nutzungsgrad haben und beispielsweise auch in Aufzügen ihren Platz finden.

05__London: Investitionen in den Ausbau der Fahrrad- und Fußgängerinfrastruktur werden durch die City-Maut finanziert. Gleichzeitig reguliert die Maut den Verkehrszufluss.

06__Der Mobilitäts-Punkt in Bremen optimiert die Verknüpfung von Car-Sharing-Stationen, öffentlichem Verkehr, Fahrrad und Taxi-Service.

07__Fahrzeuge des Mietautosystems „Flinkster" in Stuttgart.

Nutzen statt besitzen

Andreas Knie, Leiter der „Projektgruppe Mobilität" am Wissenschaftszentrum Berlin und Bereichsleiter von DB Rent, predigt überall sein Credo: Nutzen statt Besitzen. Wenn es nach Knie geht, dann war Privatbesitz an Autos und Fahrrädern gestern. Die Zukunft gehört den Mietfahrrädern à la Call a Bike und Mietautosystemen wie Flinkster in Köln und Stuttgart oder Car2Go in Ulm.

Hinter Flinkster und Call a Bike steht die Konzerntochter der Deutschen Bahn DB Rent. Car2Go wird von Daimler betrieben und bietet 200 Smarts über das Stadtgebiet von Ulm verteilt.

Gemeinsam ist allen neuen Leihangeboten, dass sie versuchen, den Ruch der Kompliziertheit abzulegen. So wie velib' in Paris den Spontanitätsdrang der Metropolenbewohner einfach bedient, so sollen in Zukunft buchstäblich an jeder Ecke in Großstädten Autos stehen, die spontan auch für kurze Zeiträume günstig zu mieten sind. Die etablierten Car-Sharing-Unternehmen und die herkömmlichen Autovermieter müssen sich spätestens dann bewegen, wenn Daimler & Co das massenhafte Vermieten von Autos als neue Geschäftsidee in großem Maßstab verfolgen. Bei solchen flächendeckenden Flottenangeboten kommt die Elektrifizierung erst richtig zum Zug. Kleine Stadtfahrzeuge wie der Smart, oder künftig eben noch kleinere und leichtere Vehikel, sind ideal für die elektrische Automobilität in der Stadt.

Und, wenn Leichtbauweise und Reduktion der individuellen Automobilität Hand in Hand gehen, dann erst kann die Idee, Elektromobile mit zusätzlich erzeugtem regenerativem Strom zu betreiben, auch realistisch umgesetzt werden.

Copenhagenize the world

Wer glaubt, was in Kopenhagen, Melbourne oder Paris funktioniert, taugt nicht für Bottrop, Celle oder Saarbrücken, der sollte sich den unaufgeregten Pragmatismus der Dänen zu eigen machen. In Kopenhagen wurde die Zahl der Parkplätze seit dreißig Jahren jedes Jahr um 2 Prozent verringert. Der zuständige Verkehrsingenieur sagte: „Wenn wir die Parkplätze langsam reduzieren, dann merkt es keiner." Und er sagt auch:

„Wenn sie nicht parken können, dann fahren sie auch nicht." Beides stimmt. Deshalb hat Kopenhagen inzwischen viel mehr öffentlich begehbaren Platz als die meisten anderen Städte dieser Größe. Und viel mehr Radfahrer sowieso. Was die dänische Hauptstadt aber einzigartig macht, ist ihr Anspruch, die umweltfreundlichste und gleichzeitig menschlichste Großstadt zu werden. In ihrem Konzept für 2015 formuliert Kopenhagen ein Bündel an Zielen: dass jeder Einwohner nur noch 3,7 Tonnen CO_2 pro Jahr verursacht, dass sich 80 Prozent der Radfahrer sicher fühlen, dass 90 Prozent aller Kopenhagener in 15 Minuten Fußwegdistanz einen Park, einen Strand oder ein Meerwasserschwimmbad vorfinden. Es wäre zu wünschen, dass die Klimakonferenz in Kopenhagen dazu führt, dass sich viele Metropolen dieser Welt die dänische Hauptstadt zum Vorbild nehmen.

Christian Brensing

Glanz und Alltag
Über den Symbolgehalt von Verkehrsbauten

01__Die Brücke über den Großen Belt ist ein Jahrhundertprojekt, das in Dänemark große Aufmerksamkeit in der Planung und während des Bauens genoss. Heute ist die Brücke ein Wahrzeichen für den Aufbruch in das 21. Jahrhundert.

02__ Mit der Bach de Roda Brücke in Barcelona setzte ein Prozess des Umdenkens ein. Die Brücke sollte nicht nur praktisch sein, sondern auch ein Symbol, in diesem Fall für die Olympischen Spiele 1992. Architekt und Ingenieur: Santiago Calatrava, 1984–1987.

Eine Brücke im Zusammenspiel mit einem Berg, einem Fluss oder einem See ist in ihrer Zeichenhaftigkeit schwer zu übertreffen. Dies wussten bereits die Landschaftsplaner des 17. und 18. Jahrhunderts zu nutzen. Allerdings wurde diese Erkenntnis zunehmend dem Fortschritt und der mit ihm erreichten Geschwindigkeit geopfert, von der wir wissen, dass so Lebensqualität nicht nur gewonnen wird, sondern auch verloren geht. Da aber die verkehrstechnische Erschließung der Welt offenbar unaufhaltsam ist, sollten Bauherren, Architekten, Ingenieure und Bauämter umso mehr Vitruvs historische Prinzipien der Gestaltung, nämlich die Wertschätzung von Konstruktion, Nützlichkeit und Schönheit *(firmitas, utilitas, venustas)* berücksichtigen und nicht zuvorderst die Kosten und die Wirtschaftlichkeit betrachten. Das heißt in Konsequenz, der visuellen Umweltverschmutzung genauso beherzt zu begegnen wie der physischen.

Das Umdenken begann im Sektor des Brückenbaus während der 1980er Jahre, als Santiago Calatrava mit seiner Bach de Roda Brücke (1984-1987) in Barcelona eindrucksvoll bewies, dass der billige Entwurf nicht immer der bessere ist, und dass eine Brücke für emblematische Zwecke genutzt werden kann. In diesem Fall war es die Bewerbung Barcelonas als Austragungsort für die Olympischen Spiele 1992, die bekanntlich erfolgreich verlief. In Deutschland setzten Architekten wie Meinhard von Gerkan oder Jörg Schlaich als Ingenieur mit ihren Schriften und Anmerkungen zu der Qualität von Infrastrukturbauten Akzente. Sie kämpften einen teils schwierigen und manchmal aussichtslosen Kampf in dem Land Europas mit dem am besten ausgebauten Verkehrsnetz. Vielleicht lässt sich dieser vermeintliche Widerspruch an sich bei der Betrachtung zweier großer Infrastrukturprojekte in nahe gelegenen europäischen Staaten erklären?

03__ Die Große-Belt-Querung in einem Luftbild.

Geht man davon aus, dass eine Brücke die direkte und zweckmäßigste Verbindung zwischen zwei voneinander getrennten Orten darstellt, dann zeichnen erfolgreiche und von der Öffentlichkeit anerkannte Brücken folgende Qualitäten aus: „Das Geheimnis eines erfolgreichen Entwurfs liegt in dem starken Zusammenspiel zwischen der Erkenntnis von Schönheit und der Erfahrbarkeit der Konstruktion. Die Konstruktionen, die die Kräfte und die speziellen Eigenschaften der Materialien am effizientesten ausschöpfen, sind auch die schönsten […]. Mit anderen Worten, sie haben ein größeres ästhetisches Potential."[1] So Poul Ove Jensen von den dänischen Architekten Dissing+Weitling aus Kopenhagen. Dissing+Weitling, das Nachfolgebüro von Arne Jacobsen, ist in Skandinavien vermutlich das Architekturbüro, welches in den vergangenen drei Jahrzehnten die meisten signifikanten Brückenentwürfe geplant und realisiert hat. Poul Ove Jensen und Steen Savery Trojaborg beschäftigen sich unter anderem mit dem Verhältnis zwischen der architektonischen Form und deren Wirkung in der Öffentlichkeit sowie der unmittelbaren Umgebung. Mit anderen Worten: Wie überträgt sich gestalterische Qualität auf das Lebensgefühl seiner Betrachter und Nutzer? Statt einem immer unersättlicheren Verlangen nach „iconic bridges" und deren visuellen Dramen zu verfallen, kultiviert Dissing+Weitling eine ausgewogene Ausdrucksweise. Die Resonanz in der Öffentlichkeit steht im direkten Verhältnis zu der baulichen Qualität,

sei es nun eine Kopenhagener Fußgängerbrücke oder die kolossale Stonecutters Bridge in Hongkong.

Der Prozess, wie die Komplexität von Infrastrukturbauten technisch, ökologisch, wirtschaftlich und vom Image her aufgebaut, geleitet und dann der Öffentlichkeit erfolgreich vermittelt werden kann, zeigt das Beispiel der Große-Belt-Querung. 1987 beauftragte die staatseigene und neu geschaffene AS Storebæltforbindelsen Dissing+Weitling gemeinsam mit dem Landschaftsarchitekten Jørgen Vesterholt mit der Gestaltung aller sichtbaren Konstruktionen der Belt-Querung. Die Beauftragung umfasste alles, von der ästhetischen Terrainformung bis hin zu Fragen der Beleuchtung, Beschilderung sowie Farben und Oberflächen. Für den Bauherrn hatte es oberste Priorität, „dass die Große-Belt-Querung als visuell klare, leicht auffassbare Gesamtheit erscheint, die auf harmonische Weise in die Landschaft eingefügt wurde."[2] Sozusagen ein Entwurf aus einem Guss, denn in Dänemark – ganz im Gegenteil zu Deutschland, das zeigen die Proteste gegen die Fehmarnbelt-Querung – besteht ein gesellschaftlicher Konsens und ein Interesse daran, dass die zeichen- und überaus symbolträchtige Verbindung der dänischen Inseln, sowie die zu den Nachbarstaaten Schweden und Deutschland, wirtschaftlich und kulturell in Zeiten des grenzenlosen Verkehrs unverzichtbar sind. Die Brücke wird somit als funktionales, ästhetisches und ökologisches Gesamtkunstwerk

1. __ Poul Ove Jensen: The Beauty of Suspended Structure, Dissing+Weitling, Kopenhagen.

2. __ „Arkitektur DK": Storebæltsforbindelsen, 7/1998.

definiert, was einem übergeordneten kulturellen und wirtschaftlichen Zweck dient. Die Brücke ist das Erkennungszeichen eines Ortes und einer Region, wenn nicht sogar deren Symbol.

„Alle großen Brücken, die wir bewundern haben etwas gemeinsam: Sie haben eine undefinierbare persönliche Ausstrahlung, jedoch haben Brücken auch einzigartige plastische Eigenschaften, die das Resultat künstlerischer Eingebung statt Berechnungen sind."[3] Der Unterschied zwischen einer herkömmlichen und einer ganzheitlich gestalteten Lösung lässt sich an einem Vergleich der West- mit der Ostbrücke der Große-Belt-Querung aufzeigen. Erstere wurde konventionell von einem Bauunternehmen errichtet, alles daran deutet auf eine wirtschaftliche, aber ebenso langweilige Ausführung hin. Aber auch in diesem Fall galt es die Gestaltungsmaxime der Storebæltsforbindelsen vollständig zu erfüllen, nämlich dass die Brücke aus unterschiedlichen Perspektiven – also aus Auto, Zug und Flugzeug – eine überzeugende Einheit vermitteln soll. So erwirkte Dissing+Weitling eine einzige Konzession, nämlich die parallelen Trassen von Autobahn und Eisenbahn einer gebogenen Linienführung zu unterwerfen. Damit war formal der Anschluss an die 6,7 Kilometer lange Ostbrücke geschaffen, die höchste gestalterische Ansprüche erfüllt und in unmittelbarer Zusammenarbeit mit den Ingenieuren von COWIconsult A/S entworfen wurde.

In Deutschland gibt es zurzeit mit der 4 Kilometer langen Strelasund-Querung von Stralsund nach Rügen nur eine einzige vergleichbare Konstruktion. Zwar wirkt der 128 Meter aufragende Pylon wie eine Landmarke vor der Silhouette Stralsunds, entbehrt aber einer gewissen Eleganz und Finesse, die durch die monotonen Vorlandbrücken weiter akzentuiert wird. Dagegen strahlen die mit 254 Metern fast doppelt so hohen Pylone der Belt-Querung eine vergleichbare Leichtigkeit aus. Im direkten baulich-konstruktiven Vergleich mit der Strelasundbrücke werden die Defizite des „Tores nach Rügen" offensichtlich. Dabei hat Stralsund eine jahrhundertealte Tradition, mit herausragenden Bauten Baukunst zum Wahrzeichen der Stadt werden zu lassen. Die drei Pfarrkirchen St. Marien, St. Nikolai und St. Jakobi oder gar das erst kürzlich vollendeten Ozeane-

04__Der neuen Rügendammbrücke in Stralsund fehlt es an durchgängiger gestalterischer Eleganz, um dem Vergleich mit den Brücken der dänischen Nachbarn standzuhalten. Der Möglichkeit, hier ein überregional wirksames Symbol zu schaffen, wurde nicht entsprochen.

um beweisen das. Mit der Strelasund-Querung ist dieses Optimum nun erstmalig nicht erfüllt worden. Eine gewisse Verzagtheit verbaute die Chance, ein klares Zeichen für den wirtschaftlichen Aufschwung der Nachwendezeit zu setzen. Unseren dänischen Nachbarn scheint zweierlei besser gelungen zu sein: Erstens, die Verzahnung von Architektur (Ästhetik) und Ingenieurbaukunst (Technik) zu einem Gesamtkunstwerk ersten Rangs; zweitens, die Etablierung und Pflege eines internationalen Markenzeichens, das über die Region hinaus wirkt – anders gesagt: eine Brücke als die perfekte Gestaltwerdung einer übergeordneten Symbolik des Aufbruchs. Man fragt sich, warum dergleichen in Deutschland nicht gelungen ist? Im Hinblick auf die Ängste, die mit der Fehmarnbelt-Querung aufziehen, mag allerdings noch eine größere gestalterische Sprachlosigkeit hervortreten!

3. __ Opinion Piece for Bridge Design & Engineering, Poul Ove Jensen, Dissing+Weitling, Kopenhagen.

Eine ähnlich geartete Verbindung konstruktiver, politischer, gesellschaftlicher, wirtschaftlicher, ökologischer und gestalterischer Ziele stellt auch der Bau der ersten neuen Eisenbahnstrecke seit Königin Viktorias Regentschaft in England dar. Mit der Fertigstellung des Channel Tunnel Rail Link (CTRL) 2007 – heute High Speed 1 Railway – wurde auch gleichzeitig die bisher einzige Eisenbahn-Hochgeschwindigkeitsstrecke in Großbritannien realisiert. 1989 wurde, nach einem Wettbewerb unter sechs Bietern, der Zuschlag für das „Build, Operate and Transfer Scheme" dem Konsortium erteilt, welchem auch die Ingenieurgesellschaft Arup angehörte. Einen nicht geringen Ausschlag für den Auftragsgewinn gab die Tatsache, dass Arup ein hohes Maß an Eigeninitiative zeigte und eine Alternative zu der von British Rail vorgeschlagene Route präsentierte. Denn die 109 Kilometer lange Strecke musste durch den dicht besiedelten Südosten von Kent, davon 74 Kilometer durch den sogenannten „Garten von England", geführt werden. Die größte Herausforderung der CTRL-Planungen konzentrierte

sich aber auf das kleinste Areal, das sogenannte „Area 100". Neben einer deutlichen Verbesserung der Infrastruktur wollte man gleichzeitig eine wirksame Stadtteilpolitik betreiben und die wirtschaftlich vernachlässigte Umgebung aufwerten.

Symbolisch sollte der neue Bahnhof St. Pancras als „gateway to Europe" unter den Sackbahnhöfen Londons ein Exempel hinsichtlich Modernität darstellen und damit den dahinsiechenden Eisenbahnen des Königreichs einen kräftigen Impuls geben. Mitten in der britischen Hauptstadt entstand von 2001 bis 2007, unter der ingenieurtechnischen Federführung von Arup, aus der denkmalgeschützten St. Pancras Station von 1868 ein Symbol für eine neue Form von Mobilität. Wie im Fall des Berliner Hauptbahnhofs wurde ein Verkehrsdrehkreuz erster Ordnung geschaffen. Von Anfang an wollte man mit dem weiten, dreizehn Bahngleise überspannenden flachen weißen „aluminium-clad louvre-blade and glass"-Dach von Foster & Partners ein architektonisches Zeichen setzen. Sozusagen eine Fortsetzung der erfolgreichen Etablierung und

05__Die historischen Londoner Bahnhöfe St. Pancras und Kings Cross.

06__ Oben und unten: Der Stolz der Londoner an ihre architektur der vergangenen spiegelt sich in den herausragenden
Beispielen zeitgenössischer Architektur. Das Innere des Bahnhofs St. Pancras. Architekten: Foster + Partners; Ingenieure:
Ove Arup.

Sanierung von Stadtteilen schaffen, wie es London schon spektakulär mit der Tate Modern (Herzog & de Meuron, 2000) oder dem Hochhaus „die Gurke" (Foster, 2004) in der City praktiziert hatte. Man kombinierte Alt und Neu geschickt unter der Prämisse, dass nichts nachhaltiger ist, als die besten Dinge der Vergangenheit zu bewahren und sie für die Zukunft zu nutzen. Diese Philosophie der von Arup entwickelten „design excellence"-Initiative gilt auch für die Nutzung der historischen Gewölbe unter den Bahngleisen. Ian Gardner, Arup Director und CTRL Projektmanager für St. Pancras und King's Cross erläutert: „St. Pancras ist immer schon ein wichtiges Gebäude gewesen, wie die St. Pauls Kathedrale oder der Big Ben, und so wollten wir die ungenutzten Gewölbe vorteilhaft in das Projekt mit einbeziehen […]. Unsere Lösung öffnete den Bahnhof zu den Straßenseiten hin und stellte keine Barriere mehr dar. Sie verhalf auch zu einer einfachen und übersichtlichen Lenkung der ankommenden wie abreisenden Passagiere mit weiten Bahnsteigen und darunter eben einem majestätischen Raum mit Gewölbedecken."[4] Das Beispiel zeigt, wie Ingenieure – also nicht nur Architekten – den Anforderungskatalog des Bauherrn mit Design-Alternativen komplett neu aufstellen können. Diese neuartige Perspektive brachte erstens Tageslicht in das Untergeschoss, zweitens eröffnete sie eine neue wirtschaftliche Nutzung und drittens verbesserte sie den Fluss der Passagiere und Pendler. Der Stolz der Londoner auf ihre Architektur der Vergangenheit spiegelt sich in den herausragenden Beispielen zeitgenössischer Architektur. Der öffentliche Konsens beflügelt die Stimmung in der Hauptstadt und ein jeder Reisende erkennt hier sofort, was gute Architektur zu leisten vermag.

Heutzutage sind Bahnhöfe nicht mehr die „modernen Kathedralen" der Metropolen, sie erfüllen prosaischere Aufgaben. Sie sind als Verkehrsknotenpunkte funktionale „Tore zur Stadt", sie bewältigen stetig anwachsende Verkehrs- und Menschenströme und müssen effiziente Wirtschaftsbauten mit multifunktionalen Eigenschaften abgeben. Die Beispiele von St. Pancras, aber auch die beiden an der CTRL-Strecke befindlichen neu konzipierten Vorstadtbahnhöfen Stratford und Ebbsfleet (Architekt: Rail Link Engineering, ein Konsortium aus Arup und den Bau- und Ingenieurfirmen Bechtel, Halcrow und Systra) zeigen, dass die gezielte Aufwertungsstrategie von Stadtteilen und Bezirken selbst mit Bahnhöfen gelingen kann, die nicht nur von berühmten Architekten entworfen sind, sondern wo allein die Symbolik einer Hochgeschwindigkeitsstrecke auszureichen scheint, das entsprechende Aufbruchssignal in der Öffentlichkeit wirksam zu platzieren: „All dies half auch die Reputation des Bauherrn zu steigern, ebenso wie das Vertrauen der Öffentlichkeit in maßgebliche Infrastrukturprojekte."[5] Daraus kann man ableiten: Es verbietet sich, unsensibel in das komplexe Gleichgewicht der Kräfte einzugreifen, und sei es aus einfachen Gründen der Geldersparnis. Der Fall einer „beschnittenen Architektur" wie sie das Bahnhofsdach des Berliner Hauptbahnhofs darstellt, wäre in der konzilianteren britischen Planungskultur nicht in dieser Härte aufgestoßen. Auch scheint man dort offener zu sein für die Dinge, die um den Bahnhof herum entstehen. Architektonischen Peinlichkeiten in unmittelbarer Nähe zu den Symbolträgern einer neuen Mobilität verbaut man nicht die Perspektive mit banaler Architektur wie mit jener des Hotelneubaus direkt neben dem Berliner Hauptbahnhof.

Man fragt sich zu Recht, wie es zu so eklatantem Versagen kommen kann. Ist man in Berlin oder auch anderswo in Deutschland nicht genug für die Bedeutung von neuen Bauprojekten sensibilisiert? Welche Rolle spielt der „Hauptstadtfaktor"? Oder denkt man gar, dass ein „Bahnhofsquartier" aus seiner Geschichte heraus nichts Besseres verdient? Internationale Beispiele belegen das exakte Gegenteil. Dort bekommen Infrastrukturbauten, seien es Bahnhöfe, Flughäfen oder sogar Brücken, als zentrale Wirtschaftsfaktoren eine erhöhte gestalterische Aufmerksamkeit. Keine Frage, Deutschland verfügt auch über entsprechende Bauten mit herausragenden ästhetisch-funktionalen Eigenschaften, aber wie

4. __ Ian Gardner, Ove Arup & Partners, London, Vortrag Institution of Civil Engineers, New York, 2008.

5. __ Ian Gardner: Is the Secret of Successful Projects in the Management of Design and Engineering? Ove Arup & Partners, London.

07__Das Umfeld des Berliner Hauptbahnhofs ist noch weitgehend unbebaut. Doch die Ergänzung eines Hotelneubaus lässt in seiner Qualität nicht erkennen, ob hochwertige Architektur in der Nähe des Bahnhofs eine große Rolle spielen soll.

könnte man die Infrastruktur und deren Bauten noch besser mit dem Städtebau sowie einem gewissen Stolz in der Öffentlichkeit verbinden? Dabei sozusagen die Synergien des Denkens und Planens für ein positives Lebensgefühl und eine angenehme Atmosphäre entfesseln? Die Antwort obliegt den Architekten und Ingenieuren aber auch den Bauherren und den Bauämtern, die tagtäglich die Chance haben, in Deutschland bauliche Zeichen zu setzen, wenn nicht gar Symbole zu schaffen mit überragender Bedeutung und der Faszination für Jedermann.

Hartmut H. Topp

Verkehr und Stadt
Über die Integration der Verkehrsinfrastruktur in den urbanen Lebensraum

01__In Frankreich ist die Einrichtung neuer Trambahnen oftmals auch der Auslöser für stadträumliche Umgestaltungen. Den Massena-Platz im Stadtzentrum von Nizza überquert eine Tram ohne Oberleitung.

Verkehrsinfrastruktur im urbanen Lebensraum, das sind Straßen, Kreuzungen und Plätze, das sind Brücken, Tunnel und Rampen ebenso wie Stadtautobahnen, Eisenbahnen mit Gleisfeldern und Bahnhöfen, Haltestellen, Parkhäuser und Tiefgaragen. Auch Ausstattungselemente gehören dazu, wie Schilder, Ampeln, Markierungen, Fahrleitungen für Straßenbahnen, Beleuchtung und Lärmschutzanlagen. All dies ist Teil des urbanen Lebensraums, in dem sich Verkehrsinfrastruktur oft autistisch additiv darstellt, manchmal spektakulär inszeniert oder auch selbstverständlich integriert.

Verkehr und seine Infrastruktur sind überall in der Stadt präsent. Sie prägen das Bild der Stadt, denn Straßen und Plätze konstituieren Stadt. So wies Kevin Lynch bereits in den frühen 1960er Jahren nach, wie Straßen, Plätze, Kreuzungen und Landmarks, aber auch Barrieren, wie Flüsse, Stadtautobahnen und Eisenbahnen den mentalen Stadtplan der Bewohner und Besucher einer Stadt prägen.[1]

Städte und ihre Urbanität brauchen Mobilität, und dazu gehört Verkehr, auch Autoverkehr. Der öffentliche Verkehr sorgt für die Balance zwischen dem Mobilitätsverbund aus Wegen zu Fuß, mit dem Fahrrad, mit Bus, Bahn und Car-Sharing einerseits und dem privaten Autoverkehr andererseits. Es geht dabei letztlich um die Balance zwischen Urbanität und Verkehr der Stadt. Diese Balance gilt es zu gestalten, das ist eine wesentliche Aufgabe der Baukultur im Verkehr. Hinzu kommen die Einheit von Gestalt und Funktion sowie die Integration in den urbanen Lebensraum unter den Aspekten der Umweltverträglichkeit, der Barrierefreiheit, der Achtung des *genius loci*, dem Geist des Ortes sowie dessen Geschichte, Lebensqualität und Innovation.

Baukultur im Verkehr ist stets Teil des Ganzen und kein Sonderweg. Das gilt für das in den 1950er Jahren entwickelte Leitbild der autogerechten Stadt ebenso wie für den Funktionalismus der 1960er und 1970er Jahre. Der verkehrstechnische, einseitig und schematisch an „Sicherheit und Leichtigkeit" des Autoverkehrs orientierte Funktionalismus fand seine Entsprechungen in städtebaulichen Flächensanierungen und einer Architektur, die ihre Umgebung und

deren Maßstab schlicht missachtete. Allerdings ist die Verkehrsinfrastruktur durch ihre Größe, Langlebigkeit und einseitige Orientierung an technischen Erfordernissen schon etwas Besonderes in Stadtentwicklung und Städtebau. Das macht ihre Integration nicht einfach.

Die Zeit des verkehrstechnischen Funktionalismus hat uns ein langlebiges bauliches und gleichzeitig ein baukulturell problematisches Erbe hinterlassen. Die städtebauliche Reparatur von Stadtautobahnen, Hauptverkehrsstraßen, großen Straßenkreuzungen und Verkehrsverteilern wird bei zunehmender Konkurrenz der Städte untereinander zum Schlüssel urbaner Qualität und der Perspektiven einer Stadt. Es geht um Stadtgestalt, urban-kulturelles Ambiente, Architektur, Grün und Wasser in der Stadt, um Aufenthalts- und Freizeitqualität in sauberer Luft, um Stadterlebnis und Kultur. Diese städtischen Standortfaktoren werden oft durch Verkehr und seine Infrastruktur beeinträchtigt.

Kompensatorischer Ansatz

Die städtebauliche Integration von Hauptverkehrsstraßen sollte einem „kompensatorischen Ansatz"[2] folgen. Die zentrale These, die hinter dieser Herangehensweise steht, besagt, dass eine gute Gestaltung des Straßenraums und geringere Geschwindigkeiten die subjektive Belästigung durch den Verkehr – insbesondere durch seinen Lärm – auch dann reduzieren, wenn sich die Verkehrsbelastung nicht verändert. Das geschieht zum einen psychologisch: Das Belästigungsempfinden geht zurück, wenn Verkehr weniger dominant und weniger bedrohlich wirkt. Zum anderen ergeben sich auch objektive Verbesserungen: Ein langsamerer Autoverkehr ist leiser und für Fußgänger sowie Radfahrer sicherer; Hauptverkehrsstraßen werden durch Inseln oder Mittelstreifen leichter und sicherer überquerbar. Ein mit Bäumen begrünter Straßenraum wirkt freundlicher und angenehmer. Er verbessert außerdem noch das lokale Kleinklima.

Solche kompensatorischen Effekte werden durch die „städtebauliche Bemessung" erreicht,[3] die 2006 in die „Richtlinien für die Anlage von Stadtstraßen" (RASt 06, FGSV, 2006)[4] aufge-

1. __ Kevin Lynch: The Image of the City. Cambridge, Massachusetts, 1960.
2. __ Hartmut H. Topp: „Umfeldverträgliche Verkehrsbelastbarkeit städtischer Straßen – ein kompensatorischer Ansatz", in: Straße und Autobahn, 1984, 35 Nr. 11.

3. __ Harald Heinz: Tagungsband Deutscher Straßen- und Verkehrskongress 1999 in Leipzig. Köln, 2000.
4. __ Forschungsgesellschaft für Straßen- und Verkehrswesen (FGSV): Richtlinien für die Anlage von Stadtstraßen (RASt) 06. Köln, 2006.

nommen wurde. Dabei geht es um ausreichend breite Seitenräume, nicht nur unter funktionalen, sondern auch unter gestalterischen Aspekten. Es geht um eine ausgewogene Proportionalität der Straße: Seitenraum, Fahrbahn und gegenüberliegender Seitenraum sollen etwa im angenehm empfundenen Breitenverhältnis von drei zu vier zu drei stehen. Die sich so ergebende Fahrbahnbreite wird mit der verkehrlich notwendigen Breite abgeglichen.

Integration auf Boulevard und Stadtplatz

Ein so gestalteter Straßenraum mit breiten Seitenräumen und mehreren Baumreihen hat den Charakter eines Boulevards. Das ist – über seine Gestaltqualität hinaus – eben auch eine multifunktionale Verkehrsstraße mit Kreuzungen, Einmündungen, Grundstückszufahrten, Haltestellen und Parkständen, mit vielfältigen Interaktionen zwischen querenden Fußgängern, Radfahrern, ein- und ausfädelnden Autos, haltenden Bussen und natürlich auch durchfahrenden Autos. Ein Boulevard ist also, auch bei gleicher Verkehrs-

menge, etwas völlig anderes als eine zwischen Lärmschutzwänden kanalisierte Verkehrsschneise: Er ist interaktives Stadtrevier mit domestiziertem Autoverkehr in stadtverträglichem Tempo. Die Verkehrsschneise ist dagegen ein autistisches Autorevier mit eindimensionalem Verkehrsablauf bei hohen Fahrgeschwindigkeiten.

Nur selten wird eine Verkehrsschneise zu einem Boulevard umgestaltet. In Luxemburg-Stadt, im Dienstleistungszentrum Kirchberg, war dies der Fall: Eine Autobahn mit bis zu 40 000 Kraftfahrzeugen pro Tag wurde zum Kennedy-Boulevard. Der 61 Meter breite und 3,5 Kilometer lange Straßenzug mit acht Baumreihen und beidseitig 12,3 Meter breiten Seitenräumen ist städtebaulich durch eine prägnante, den Straßenrand begleitende Bebauung gefasst. Seine Enden werden markiert durch ein „Stadttor", gebildet aus zwei gleichen Hochhäusern an beiden Straßenseiten und durch eine große Stahlskulptur von Richard Serra in der Mitte eines Kreisverkehrs auf der „Landseite".

Viele Stadtplätze sind durch die starke funktionale Ausrichtung auf den Verkehr zu reinen Verkehrsverteilern oder zu Parkplätzen verkommen. Der Trafalgar Square in London ist ein Beispiel für

02__Luxemburg-Kirchberg: Die Entwicklung einer Autobahn zum Kennedy-Boulevard, Zustand vor (oben) und nach dem Umbau (unten).

03__Der Trafalgar Square in London nach dem Umbau, Luftbild.

04__Auf dem Trafalgar Square in London ist der Verkehr so umgeleitet worden, dass ein direkter und bequemer Zugang zum Eingang der National Gallery entstand. Hier der Zustand vor dem Umbau.

05__Der Trafalgar Square in London nach dem Umbau, Zustand 2008.

den Rückbau eines solchen Verkehrsverteilers.[5] Die partielle Rücknahme der Verkehrsfunktion auf einer Seite des Platzes führte zu einer überzeugenden Verbesserung der Aufenthaltsqualität. Wo heute auf einer Terrasse Fußgänger gehen und verweilen, war vorher eine fünfspurige Fahrbahn. Aber immer noch dient der Trafalgar Square auch als Verkehrsverteiler. Die Beispiele zeigen, dass Aufenthaltsqualität und Verkehrsfunktion kein

Widerspruch sein müssen. Ähnliches gilt für den Alten Messplatz in Mannheim. Er wird an anderer Stelle in diesem Buch vorgestellt.

In der Kasseler Unterneustadt war der alte Stadtgrundriss ein Ideengeber für eine besondere Form der Verkehrserschließung. Die Unterneustadt, eine mittelalterliche Stadterweiterung, wurde 1943 zerstort. Nach dem Krieg wurde die Fläche von einer achtspurigen Straße mit

5. __ Mayor of London: Squares Annual Report 2004/2005. London, 2005.

06__In der Kasseler Unterneustadt war der alte Stadtgrundriss ein Ideengeber für eine besondere Form der Verkehrs-erschließung. Eine ringförmige Erschließung – wohlgemerkt nicht als Kreisverkehr – verknüpft heute die beiden Hälften der Unterneustadt rechts und links der jetzt vierspurigen Straße. Zustand vor (links) und nach dem Krieg (rechts).

07__Der Courthouse Square in Portland, Oregon (USA), ist ein Pionier barrierefreier Platzgestaltung und gleichzeitig das Wohnzimmer der Stadt. Er wurde zu Beginn der 1980er Jahre umgestaltet.

Stadtbahn in der Mitte und einem Parkplatz sowie dem Messeplatz belegt. Mitte der 1990er Jahre beschloss die Stadtverwaltung die „Wiedergründung" der Unterneustadt: Der Stadtteil wurde auf historischem Grundriss im Sinne der kritischen Rekonstruktion, orientiert an den alten Parzellen und an der Gassenstruktur, wiederaufgebaut.[6] Die alte Stadtstruktur und die Formen der Plätze, insbesondere das Oval des Unterneustädter Kirchplatzes, wurden zum Schlüssel der Verkehrslösung: Eine ringförmige Erschließung – wohlgemerkt nicht als Kreisverkehr – verknüpft heute die beiden Hälften der Unterneustadt rechts und links der jetzt vierspurigen Straße.

Integration durch technische Innovation

Aber nicht nur die verträgliche räumliche Einbindung des Verkehrs in unsere Städte ist für seine Integration in den urbanen Lebensraum notwendig. Es bedarf auch technischer Erneuerungen. Dazu gehört beispielsweise die barrierefreie Mobilität behinderter Menschen. Zur Höhenüberwindung im Stadtraum sind Rampen deshalb unverzichtbar. Entsprechend flach (maximal 6 Prozent) und mit Ruhepodesten sind sie sechs- bis achtmal länger als Treppen, und ihre Integration verlangt deshalb Kreativität und Einfühlungsvermögen. Ein beeindruckendes Beispiel hierfür ist die Rampe quer zur Treppe auf einem Innenstadtplatz in Portland, Oregon; hier werden Treppe und Rampe zum integrativen Gestaltungs- und Funktionselement an einem Platz auf zwei Ebenen.

Aber auch rein technische Innovationen im Verkehrssystem können zur Integration beitragen. Ein Beispiel ist die Tram ohne Fahrdraht. Damit können empfindliche städtische Räume, in denen eine Tram verkehrt, erheblich aufgewertet werden. Das wird in Freiburg im Breisgau für den Platz der Alten Synagoge und in München für eine Tramlinie durch den Englischen Garten diskutiert. Bereits realisiert ist die Tram ohne Fahrdraht in Bordeaux und in Nizza. Frankreich gilt als führend bei der städtebaulichen Integration neuer Tramlinien.

Mit besonderen Lichtkonzepten hat sich ein neuer Ansatz für die Aufwertung negativ belegter, insbesondere dunkler Räume herausgebildet. Ein Beispiel dafür sind die Bochumer „KunstLichtTore", die 2004 mit dem Renault Traffic Design Award ausgezeichnet wurden.[7] „Licht wird zur systematischen Gestaltung bei allen Unterführungen der die Innenstadt umgebenden Bahnstrecken genutzt, um die unwirtlichen, hässlichen Durchlässe durch die stadtmauerartigen Bahnwälle in Stadttore zu verwandeln. Mit großen farbigen Ziffern und einem je eigenen Farbcharakter werden die Unterführungen ‚verzaubert' und die Orientierung geklärt." So die Begründung der Jury. Ein weiteres Highlight aus dem Fundus des Renault Traffic Design Award ist die Illumination des Schlossplatz-Autotunnels in Stuttgart. Das blaue U in der Tunneldecke wird durch ein zweites U im Tunnel der Gegenrichtung zu einem Quadrat ergänzt, das den Grundriss des über dem Tunnel liegenden Kunstmuseums abbildet. Der Künstler Nikolaus Koliusis weckt damit das Interesse der Autofahrer am blauen Lichtband, gibt einen Hinweis auf den neuen Ort der Kunst und macht neugierig: „Innen und Außen, Museum und öffentlicher Raum, Wirklichkeit und Illusion gehen so eine enge Verbindung ein." Der Einsatz von Licht ist aber nicht auf Unterführungen und Tunnel beschränkt, sondern setzt bei der Gestaltung öffentlicher Räume allgemein einen ganz eigenen Akzent. Aus simpler Beleuchtung ist Lichtkunst geworden mit ganz neuem Erleben der nächtlichen Stadt, mit einem neuen Gefühl von Wohlbefinden, Orientierung und Sicherheit. Ein frühes Beispiel für eine Stadt des Lichts ist Lyon.

Lärmschutz

Der Lärm, den der Verkehr mit Autos oder Eisenbahnen erzeugt, ist ein weiteres Problem bei dessen Integration in den urbanen Lebensraum. Denn Lärmschutzauflagen können die Stadt degenerieren: Straßen werden zu „Autokanälen", Stadtraum wird segmentiert, Autofahrer erleben Lärmschutzwände anstelle von Stadt; Bahnreisenden geht es oft ähnlich. Gut gemeinter Lärmschutz kann

---

6. __ Stadt Kassel: So baut man Stadt – Wege zur Unterneustadt. Kassel, 1996.

7. __ Renault Nissan Deutschland AG (2002 bis 2005): Renault Traffic Design Award 2000 – 2005, Innovative Konzepte für die Verkehrsarchitektur der Zukunft. Jährliche Dokumentationen. Brühl.

zu einem großen Hindernis der Integration hochbelasteter Hauptverkehrsstraßen werden. Diese Straßen sind in den letzten Jahren trotz erheblicher Minderung der Antriebsgeräusche kaum leiser geworden. Bei einer Geschwindigkeit von 50 Kilometern pro Stunde und mehr dominieren die Rollgeräusche. „Leise" Reifen und gute Fahrbahndecken bis hin zum „Flüsterasphalt" bieten gewisse Potenziale. Niedrigere Geschwindigkeiten aber würden die Belastung erheblich senken. Es gäbe weniger Lärm und mehr Sicherheit. Straßen wären außerdem für Fußgänger leichter zu queren. Beim Lärmschutz haben aktive Maßnahmen Vorrang vor passiven, also Lärmschutzwand vor Lärmschutzfenster. Aber wann ist passiver Lärmschutz die bessere Lösung? Bei Büros und bei temporärem Wohnen ist dies keine Frage, aber könnte nicht auch das großstädtische Wohnen allgemein davon profitieren? Es gibt mit Sicherheit genügend großstädtische Klientel, der das „Schlafen bei leicht geöffnetem Fenster" weniger wichtig ist als ein ansprechendes Wohnumfeld. Das rührt an EU-Recht, und bei Freiräumen liegen die Präferenzen schon wieder anders. Aber bei der Lärmsanierung vorhandener Straßen lohnt es sich, weiter darüber nachzudenken, wenn man sieht, was Lärmschutz in unseren Städten anrichten kann.

08__Nikolaus Koliusis, „50 km/h", Kunst im Autotunnel unter dem Kunstmuseum, Stuttgart.

Baukultur im Alltag des Verkehrs

Der Weg zu mehr Baukultur im Verkehr führt über interdisziplinäre Ansätze und städtebauliche Wettbewerbe, auch und gerade wenn verkehrsplanerische Gestaltungsprobleme im Fokus stehen. Interdisziplinär bedeutet mehr als die Addition sektoral denkender Disziplinen, vielmehr müssen alle im Team neben ihrem fachlichen Standbein über den interdisziplinären Überblick verfügen. Hier sind neben den einzelnen Akteuren insbesondere auch die Ausbildungsstätten angesprochen. Im interdisziplinären Team hat man nicht gleich am Anfang die vermeintlichen Zwänge der Verkehrsbelastungen, die Richtlinienforderungen und Lobby-Interessen, die sich in vielen Fällen im kreativen Entwurfsprozess von selbst erledigen.

Wettbewerbe, Workshops oder Mehrfachbeauftragungen könnten neben der inhaltlichen Qualifizierung auch zu einer sachgerechteren finanziellen Förderung führen, wenn man sich darauf verständigen könnte, dass die Kosten zur Umsetzung des mit dem ersten Preis ausgezeichneten Entwurfs die Basis der anrechenbaren Kosten sind. Praktiziert wird das heute meistens ganz anders: Nehmen wir als Beispiel die auch mit dem Renault Traffic Design Award ausgezeichnete Überdachung des Bahnhofsvorplatzes in Heilbronn mit der zentralen Bus- und Straßenbahnhaltestelle. Das 1,9 Millionen Euro teure Dach wurde zwar über das Gemeindeverkehrsfinanzierungsgesetz (GVFG) gefördert, die anrechenbaren Kosten aber auf der Basis von vier einfachen Fahrgastunterständen auf 40 000 Euro festgelegt: 85 Prozent Zuschuss von dieser Summe machen noch nicht einmal 2 Prozent der Investitionskosten für das Dach aus.

Die Stadt Augsburg hat das Instrument des Wettbewerbs eingesetzt, um für ihre Innenstadt ein „Konzept für Stadtraum und Mobilität" zu entwickeln (Stadt Augsburg, 2009). Das ist neu und mutig. Das Experiment wurde ein Erfolg. Als Beispiel sei aus dem mit dem ersten Preis ausgezeichneten Entwurf der „Augsburg-Boulevard" herausgegriffen. Er soll im Verlauf der historischen Wallanlagen an die Stelle einer Hauptverkehrsstraße treten und unterbricht mit einer zentralen Haltestelle für den öffentlichen Personenverkehr den Fluss des Autoverkehrs,

09__Die mit dem Renault Traffic Design Award ausgezeichnete Überdachung des Bahnhofsvorplatzes in Heilbronn mit der zentralen Bus- und Straßenbahnhaltestelle.

der auf andere Straßen verlagert wird. Fußgänger gelangen jetzt besser vom Bahnhof in die Altstadt und an die Haltestelle. Der Wettbewerb wirkte wie ein „Befreiungsschlag", vor welchem dem Autoverkehr nicht einmal eine Fahrspur entzogen werden konnte.[8]

Die Aufgaben der Verkehrsplanung haben sich verschoben von verkehrstechnischer Quantität zu städtebaulicher Qualität. Straßen und Plätze müssen den Menschen dienen, sie sollen Orte der Begegnung sein und dazu gehört Verkehr: Zu Fuß und mit dem Fahrrad allemal, mit Bus und Bahn je nach Situation, und auch mit dem Auto, solange der menschliche Maßstab in Raum, Geschwindigkeit und Menge nicht verletzt wird. Wie viel

Verkehr eine Straße oder ein Stadtplatz vertragen kann oder muss, hängt also von vielen Faktoren ab, die für jede Situation anders sind oder neu definiert werden müssen. Verbesserungspotenzial ist eigentlich immer zu aktivieren.

8. __ Stadt Augsburg (2009): Ideenwettbewerb Innenstadt Augsburg – Ergebnis. Schriftenreihe „Planen und Bauen" Nr. 49.

Positionen

Wieviel Spielraum
hat der Stadtverkehr?

Auszüge aus einem
Podiumsgespräch im
November 2009

01__Podiumsdiskussion zum Thema „Wo verkehrt die Baukultur?", von links: Roger Riewe, Johann Georg Sandmeier, Michael Braum (Moderation), Elisabeth Merk, Gerhard Matzig, Martin Haag

Am 5. November 2009 lud die Bundesstiftung Baukultur in Kooperation mit der Stadt München und der Bayerischen Architektenkammer zu einer Veranstaltung der Reihe „Baukultur_vor_Ort" ein, die umfassend Gelegenheit dafür bot, sich mit dem Thema Verkehr und Baukultur in München zu befassen. Man ging das Thema spielerisch an, reflektierte es mit der Unterstützung von Künstlern sowie mit Jugendlichen und Kindern, erörterte es diskursiv mit prominenten Teilnehmern im Haus der Architektur München.

Seit den frühen Morgenstunden bot eine Künstlergruppe um das Palais Mai und das Atelier Held im Rahmen von „Kunst im Stau" ihre mobile Installation und offene Bühne an einer Vielzahl von Verkehrsorten im gesamten Stadtgebiet an. Am Nachmittag fand eine Bustour zu einigen Münchener Projekten der Verkehrsinfrastruktur statt, in deren Verlauf vor Ort mit den Planungsbeteiligten und Nutzern unter der Organisation und Moderation von Nicolette Baumeister diskutiert wurden. In Augenschein genommen wurden die Anwohnertiefgarage in der Donnersberger Straße, der Zentrale Omnibusbahnhof am Hauptbahnhof, der auch in diesem Buch vorgestellt wird (Seite 110), die Baustelle für eine Trambahnendhaltestelle an der Münchener Freiheit und der Umbau der dortigen U-Bahnstation, die Trambahn , Fußgänger und Radwegbrücke über die Schenkendorfstraße und schließlich der Petueltunnel, beides Projekte im Zuge des Mittleren Rings mit dem darüber angelegten Petuelpark. Die insgesamt eindrucksvollen Projekte boten vielfältige Anregungen und reichen Stoff zur Diskussion. Nicht ohne Grund finden sich vier Projekte aus München in der vorliegenden Beispielsammlung. Parallel arbeiteten Kinder und Jugendliche in einer Baukulturwerkstatt zum Thema „Kreuz und Quer – Fließt Verkehr", die der Verein „Spielen in der Stadt" im Haus der Architektur durchführte, mit Elementen der Modelleisenbahn und unterschiedlichstem Modellbaumaterial an einer neuen Bahnhofsbaukultur.

Debatten um Baukultur und Verkehr

Günther Hoffmann, Vizepräsident der Bayerischen Architektenkammer, begrüßte am Abend die Vortragenden, Diskutanten und Gäste, indem er das Themenfeld sogleich umriss. Die Mobilität beschrieb er als ein Grundbedürfnis der modernen Gesellschaft. Sie habe eine wichtige Funktion, wenn es um die In- oder Exklusion von Menschen in der Gesellschaft gehe. Barrierefreie Wege, der Klimawandel, aber auch der demografische Wandel spielten in Bezug auf den Verkehr eine wichtige Rolle. Das Verhältnis von Verkehr und öffentlichen Räumen spiegele die gesellschaftliche Wertschätzung, die wir der Baukultur entgegenbrächten, anschaulich wider. Wir müssten uns der Verantwortung im Umgang mit diesen Räumen stellen, war sein abschließendes Plädoyer.

Michael Braum führte diese Gedanken in seinen einführenden Worten für den Abend weiter und bat seine Zuhörer, zu rekapitulieren, ob sie wirklich als erstes an Baukultur dächten, wenn es um Bauten der Verkehrsinfrastruktur und die öffentlichen Räume gehe. Baukultur hieße, verschiedene Anforderungen und damit auch unterschiedliche Akteure samt ihrer Kompetenzen in ein ausgewogenes Verhältnis zueinander zu bringen. Es gelte, funktionale, technische, ökonomische und soziale Aspekte mit den Anforderungen Ästhetik, Anmutung und Atmosphäre in Einklang zu bringen. Dieses Mobile müsse in Balance gehalten werden. Baukultur sei somit mehr als Baukunst, sie sei ein gesamtgesellschaftliches Projekt der Integration zur Qualifizierung der gebauten Umwelt in ihrer Gesamtheit. Gerade in der Verkehrsplanung befinde sich diese Balance durch eine Überbewertung sektoraler Interessen häufig in Schieflage. Das gelte für den Vorrang des Autoverkehrs wie für den radikalen Umbau von Stadtstraßen in verkehrsberuhigte Zonen. Beides störe das Gleichgewicht, weil die Funktionen zu sehr im Vordergrund stünden, während gestalterische und städtebauliche Aspekte ihnen untergeordnet seien. Die Verkehrsinfrastruktur als gestalterische Aufgabe zu sehen, habe aber für unseren öffentlichen Raum eine sehr große Bedeutung.

02__Michael Braum, Bundesstiftung Baukultur, Potsdam.

03__Roger Riewe, Architekt, Graz.

Leuchtturmprojekte reichen nicht!

Martin Haag, Verkehrsplaner an der TU Kaiserslautern, unterstrich diese Aspekte in seinem Impulsreferat. Er begann seine Ausführung am Beispiel der Kriegstraße in Karlsruhe, einer stark befahrenen Hauptverkehrsstraße mit sehr eng angrenzender Wohnbebauung. Es sei evident, dass das Thema „Baukultur/Städtebau" ein ebensolches Gewicht haben müsse wie die Themen „Leistungsfähigkeit/Wirtschaftlichkeit" oder „Umwelt". Es gehe um eine ganzheitliche Optimierung der Anforderungen. Im Verlauf seines Referates brachte er einige der Rahmenbedingungen zur Sprache, die für Baukultur in der Verkehrsplanung gesetzt würden. Da sei zum einen die Frage: Wie viel Verkehr welcher Art an welchem Ort stattfinde? Zum anderen: Welche Mobilitätskonzepte die Zukunft bestimmen sollten? Welche Rolle die Elektromobilität spiele? Sie sei sicher nicht der Weisheit letzter Schluss. Verkehrsprobleme seien nicht durch den Maschinenbau zu lösen. Mit Elektromotoren betriebene Fahrzeuge könnten aber Teil einer multimodalen, also einer auf mehrere Komponenten aufgebauten Mobilität sein, die räumlich und organisatorisch gut mit einander verflochten sein müssten. Dazu gehöre ein ausgebautes öffentliches Verkehrssystem, das mit Auto- oder Fahrradmietstationen ergänzt werden müsse. Verkehrsplanung sei Planung von Netzen und daher könne man den Verkehr nicht einfach irgendwo reduzieren, er tauche dann ganz sicher an einer anderen Stelle wieder auf. Zudem müssten Fußgängerzonen belebt bleiben, das heißt, das Auto dürfe nicht vollständig aus den Innenstädten vertrieben werden. Auch Untertunnelungen oder Überdeckelungen von Hauptverkehrsstraßen seien nicht der Königsweg, sie wären schlicht zu teuer und blieben auf Ausnahmen beschränkt. Aber „Wo geht die Reise hin?" fragte Martin Haag sich und die Zuhörer. Er empfahl eine Rückbesinnung auf die großen Boulevards wie die Champs Elysées in Paris, sie trage immerhin 80 000 Fahrzeuge am Tag und biete gleichzeitig ausgeprägte urbane Qualitäten. Nun könne sich nicht jede Stadt einen solchen raumgreifenden Boulevard leisten, die Integration der verschiedenen Verkehrsarten sei jedoch Richtung weisend. Eine geschickte Verkehrssteuerung könne mit Hilfe von Verkehrssimulation eine diesbezügliche Planung unterstützen. Die Flächenanforderungen des Verkehrs an die Stadträume müssten derart optimiert werden, dass genügend Raum für ihre städtischen Funktionen bleibe. Alternativ könne auch bei geringeren Verkehrsmengen das Prinzip des Mischverkehrs belebt werden, wie dies in den Konzepten für Shared Space oder die Schweizer Begegnungszonen angedacht werde.

Abschließend stellte Martin Haag drei Thesen zum Umgang mit den Verkehrsräumen auf: Es dürfe erstens nicht nur Leuchtturmprojekte geben, Baukultur müsse sich auch im Alltag bemerkbar machen. Zweitens: Bürgerinnen und Bürger müssten von baukulturellen Projekten überzeugt sein, nur so entstehe politischer Konsens sowie eine entsprechende und wichtige Kontinuität. Und drittens müsse die Baukultur im Gesetzgebungs- und Finanzierungsverfahren eine wichtige Rolle spielen. Das sei selten selbstverständlich.

04__Martin Haag, Verkehrsplaner, Kaiserslautern.

Eine Architektur der Unaufdringlichkeit

Der Architekt Roger Riewe thematisierte die transitorischen Räume, die Räume des Übergangs und des Reisens. Zunächst erinnerte er daran, wie sehr die Stadtlandschaften in Europa durch die Eisenbahn geprägt seien. Davon setze sich beispielsweise Manhattan ab, weil man sich hier auf ein technisches Experiment eingelassen habe. Die Grand Central Station habe unterirdische Gleise bekommen, die nur von Elektrolokomotiven befahren werden konnten, obwohl diese damals noch nicht weit verbreitet gewesen seien. Die Infrastruktur habe so aber der Stadtgestalt untergeordnet werden können. Mit den Hochgeschwindigkeitssystemen der europäischen Bahnen stünden wir heute wieder vor ähnlichen Herausforderungen, die uns unter anderem den Umgang und die Integration der alten Bahnhöfe zur Aufgabe stellen würden. In Zürich wisse man nach dem Umbau des Bahnhofs nicht mehr, ob man nun lieber durch die oberirdische alte Bahnhofshalle oder unterirdisch durch den neuen Bahnhof mit Shopping-Mall gehen solle. In Madrid sei die funktionslos gewordene Bahnhofshalle durch Rafael Moneo zu einem botanischen Garten umgestaltet worden, der jetzt ein wichtiger Treffpunkt in der Stadt sei.

In Österreich habe die Bundesbahn zunächst ein einheitliches Design für die Bahnhöfe beschlossen, das nach einem Direktorenwechsel aber wieder überarbeitet worden sei. Für die Bahnhöfe der großen Städte sollten jetzt individuelle Gestaltungslösungen gefunden werden. Als

05__Elisabeth Merk, Stadtbaurätin der Landeshauptstadt München.

eine grundlegende Ausrichtung seiner Auffassung von Architektur nannte Riewe in diesem Zusammenhang deren Unaufdringlichkeit. Ein Bahnhof müsse einen Raum bilden, der die notwendigen Funktionsabläufe bediene, ohne dass er dem Nutzer besonders auffällt. Die Architektur solle im Vorbeigehen oder im Zurückblicken beiläufig bemerkt werden, aber nicht mehr. Es gehe also eher um die Sensationen des Alltages, die hier kreiert werden können. Alltägliche Situationen sollten sich ganz selbstverständlich ergeben und einfache Funktion gut ablaufen können, ohne dass sie vom Design erschlagen werden. Was für den inneren Raum des Bahnhofs gelte, müsse auch für den Übergang zum städtischen Raum gelten.

06__Gerhard Matzig, Redakteur, Süddeutsche Zeitung.

07__Johann Georg Sandmeier, Baureferat der Landeshauptstadt München.

Schutz vor Lärm und Staub

Ein drittes Impulsreferat hielt Elisabeth Merk,
Stadtbaurätin der Landeshauptstadt München.
Auch sie sieht in der zukünftigen Mobilität, neben
den Fragen der Ökologie, eine der größten
Herausforderungen. Die neuen EU-Richtlinien
zum Schutz vor Feinstaub und Lärm werden auch
zu stadtgestalterischen Themen, denn die dort
gesetzten Grenzwerte würden Maßnahmen erfordern, die das Gesicht unserer Städte mit Tunneln
und Einhausungen unter Umständen noch stärker
verändern würden als das Primat der autogerechten Stadt. Sie verwies auf die positiven Ansätze,
die in München für den Lärmschutz zu besichti-
gen seien (vgl. Wohnen am Mittleren Ring, Seite
82). Das 21. Jahrhundert stünde für einen Paradigmenwechsel im Bereich von Mobilität und Infrastruktur. Zu dem vielen Geld, das in das Design
von Autos investiert werde, müsse es ein Pendant
geben, das dem öffentlichen Personenverkehr
und guten Infrastrukturprojekten zur Realisierung
verhelfe.

Erziehung zu weniger Verkehr?

Gerhard Matzig, Redakteur der Süddeutschen
Zeitung, der mit Johann Georg Sandmeier vom
Baureferat der Landeshauptstadt München (für
die erkrankte Stadträtin Rosemarie Hingerl)
neben den Referenten an der anschließenden
Podiumsdiskussion teilnahm, brachte gleich zu
Beginn den Fokus der Debatte von den planerischen und technischen Erörterungen wieder auf
den gesellschaftlichen Zusammenhang und stellte die Frage, ob es nicht ganz allein an uns allen
läge, wenn der Verkehr heute so viele Probleme
mache. Sie könnten schlicht gelöst werden, wenn
wir einfach öfter zuhause blieben und uns nicht
den Luxus erlaubten, übers Wochenende zu einer
Party von München nach Berlin oder gar nach
London zu fliegen. Das beträfe auch die Pendler,
die tagein tagaus aus dem Umland in die großen
Städte führen und abends wieder zurückkämen.
Die einen müssten dies tun, die anderen täten es
aber weil sie lieber im Grünen wohnen als in der
Stadt, wo viel Verkehr ist. Martin Haag betonte
daraufhin, wie sehr der Verkehr in alltäglicher
Routine verankert sei. Zumindest gelte das für die
ältere Generation. Junge Leute seien eher bereit,
über neue Formen der Mobilität nachzudenken,
für einige gelte es nicht mehr als selbstverständ-

lich, mit achtzehn Jahren einen Führerschein zu machen. Man könne aber auch nicht auf Innovationen warten. Man müssen den Leuten attraktive Mobilitätsangebote machen und gleichzeitig Druck ausüben, indem man den Autoverkehr in der Stadt für sie unattraktiver und teurer mache, als er derzeit ist. Roger Riewe unterstrich dies mit dem Hinweis auf die hohe Mehrwertsteuer für Autos in Österreich, mahnte aber gleichzeitig Alternativen an. Die Bahn böte keinen Anreiz, wenn sie zu langsam fahre oder keine Speisewagen anböte. Da könne er, als Architekt, den Bahnhof noch so schön machen. Elisabeth Merk betonte, dass solche Problemstellungen nur im Dialog mit der Stadtgesellschaft gelöst werden könnten. Eine neue Tramlinie oder der Umbau eines Bahnhofs werde ja nicht prinzipiell abgelehnt. Es ginge meistens um Detailfragen. Da müsse die Gesellschaft auch ihren Auftrag an die Politik, insbesondere die Kommunalpolitiker, überprüfen. Sie sei im Übrigen nicht davon überzeugt, dass man etwas erreiche, wenn man Dinge teurer mache, es müssten Zugänglichkeiten erhöht werden und das hieße: Bestimmtes billiger machen!

Mehr Transparenz in der Verkehrsplanung

Ihr lag aber noch ein anderer Aspekt am Herzen, der in der Diskussion wieder den Bezug zur Planung herstellte. Verkehrsprojekte seien mit allen Detailfragen, die damit verbunden sind, so komplex, dass es auf das gute Zusammenwirken der einzelnen Beteiligten ankäme. Das bestätigte Johann Georg Sandmeier. Für die Abstimmung der Vielzahl an Experten müsse eine eigene Sprache gefunden werden, und trotzdem begebe man sich gerade bei Verkehrsprojekten in einen Dschungel. Viele Vorgänge seien undurchsichtig, was einige Beteiligte nutzen würden, um eigene Interessen durchzusetzen oder die anderer zu verhindern.

Gerhard Matzig machte am Schluss der Debatte eine Schizophrenie in unserer Gesellschaft aus: Wir wollten uns so viel und so schnell bewegen, wie es nur ginge, aber die Konsequenzen, die das für unsere Städte mit sich bringe, wollten wir gleichzeitig nicht akzeptieren. Die eingangs von Martin Haag erwähnte Kriegstraße mache das schon durch ihren Namen deutlich. Wir würden uns nach dichten, alten Stadträumen sehnen, am

liebsten mit dem Fahrrad zur Arbeit fahren oder zu Fuß gehen, aber gleichzeitig wollten wir eben auch einen schnell fließenden Autoverkehr. Er selbst würde am liebsten über Architektur schreiben, aber wirkliche Aufmerksamkeit bekäme er nur, wenn er die Abschaffung der Pendlerpauschale fordere, aber nicht wenn er über Gestaltqualitäten schriebe.

Die Diskussion spannte mit den Impulsreferaten und der danach geführten Debatte ein breites Spektrum des Themenfeldes Verkehr und Baukultur auf. Viele wichtige Aspekte wie der Einfluss der Verkehrsinfrastruktur auf das Bild unserer Landschaften oder die Innovationsbereitschaft unter den Verkehrsplanern fanden durch Einwürfe aus dem Publikum Erwähnung, konnten aber nicht vertieft werden. Die angeregte Publikumsbeteiligung an der Diskussion sprach für die grundsätzliche Wichtigkeit des Themas.

ZOB 07:30 Uhr: Frau Wardalski und ihre Freundlin kommen nach 14 Stunden Busreise in München an.

Sapporo Bogen 10:30 Uhr: Emir Dizdarevic will eine kleine Runde mit dem Rad drehen.

Umschlagbahnhof 13:30 Uhr: Gregor Bernd und Toni Bernhardt pausieren kurz.

Pinakothek der Moderne 15:30 Uhr: Ines Raub und Simon Dress sind für drei Tage zu Gast in München.

... ... Künstlergruppe ... ... Palais Mai ... Atelier Held im Rahmen von „Kunst im Stau" in ihre mobile Installation und offenen Bühnen in zwei Lkw an mehreren Verkehrsorten im gesamten Stadtgebiet ein. Die Lkw wurden am jeweiligen Ort einmal um 180 Grad gedreht, sodass die Fotos von Edward Beierle die entgegengesetzte Blickrichtung als Hintergrund hatten.

Perspektiven unterschiedlicher Akteure

Verkehr und Baukultur

Was sind die Mobilitätskonzepte für das 21. Jahrhundert?

Hanns Zischler, Schauspieler

Notwendig wären Anstrengungen – pädagogische, politische, kulturhaltige –, um „Mobilität" nicht länger an „Fortschritt" und „Beschleunigung" alias „Wachstum" zu koppeln. Erinnert sei an den 1985 geheim gehaltenen Plan der „inneren Evakuierung" Bayerns, der vorsah, gesamte ländliche Areale aufzugeben, weil die Pendlermobilität mit verheerenden Folgen im „subjektiven" wie „objektiven" Bereich überhandzunehmen drohte (das heißt bis zu 100 Kilometer täglich). Diese Tendenz gilt es umzukehren. Daraus ergibt sich ein Verkehrssystem, das aus der größten technologischen Sackgasse der Industriegeschichte – „Verbrennungsmotor plus privater Automobilismus" herausführen sollte. Aber: Wie kommt man aus einer Sackgasse heraus?

Gerd Lottsiepen, Verkehrsclub Deutschland (VCD)

Energie und Verkehr werden teurer. Die Menschen bleiben mobil. Das privat genutzte Auto verliert in den Städten erst an Prestige, dann an Bedeutung. Die Stadt der kurzen Wege wird vom planerischen Leitbild zur gelebten Realität. Voraussetzung ist ein leistungsfähiger ÖPNV. Fahrräder und Elektro-Fahrräder sind erste Wahl für den Individualverkehr, Car-Sharing-Autos und Taxen ergänzen. Schicke straßentaugliche Elektrofahrzeuge, die in Aufzüge passen, erweitern die individuelle Mobilität in einer alternden Gesellschaft.

Inwieweit sind Verkehrsbauwerke als Gestaltungsaufgabe zu betrachten?

Michael Widerspahn, Journalist

Es gibt keine Gestaltungsaufgabe „Verkehrsbauwerke": Gestalten bedeutet (äußere) Konturen modellieren und ist infolgedessen ein Tätigkeitsgebiet für Architekten und Designer. Ästhetisch wie funktional überzeugende Verkehrsbauwerke entstehen hingegen als Resultat eines Entwurfsprozesses, der mit der Wahl einer ebenso schlüssigen wie im besten Sinne ökonomischen (Trag-)Struktur beginnt – und mit deren Optimierung auch endet. Gerade die „Formfindung" von Brücken sollte daher kreativen Ingenieuren überlassen bleiben.

Jens Karstedt, Präsident der Bundesingenieurkammer

Verkehrsbauwerke als Gestaltungsaufgabe: Die Bundesingenieurkammer versucht den baukulturell besonders herausragenden Bereich der Verkehrsinfrastruktur unter anderem mit der Verleihung des Deutschen Brückenbaupreises stärker in den Fokus zu rücken.
Eine bessere Baukultur bei den Verkehrsanlagen braucht permanente Auseinandersetzung und Kooperation der Verkehrsplaner, Städtebauer und Freiraumplaner. Deshalb soll bei geeigneten Verkehrsinfrastrukturprojekten grundsätzlich ein Ingenieurwettbewerb oder ein interdisziplinärer Wettbewerb durchgeführt werden, um die Funktionalität, die planerische Qualität und die Gestaltung sicherzustellen.

Karl H. Schwinn, Bauingenieur

Verkehrsbauwerke zählen zu den Ingenieurbauwerken, es sind Straßen- und Eisenbahnbrücken, Fußgänger- und Radwegbrücken, Kanäle und Wasserstraßen, Tunnel und Unterführungen. Diese Ingenieurbauwerke sind ein wesentlicher Bestandteil unserer gebauten Umwelt. Deshalb muss bei der Planung, neben der Gebrauchsfähigkeit, die Gestaltung des Bauwerkes eine wesentliche Rolle spielen. Das Bauwerk muss eine Antwort auf das Umfeld geben, in das es gestellt wird. Gestalt und Material müssen die örtlichen Gegebenheiten berücksichtigen. Die Form des Bauwerkes muss sich aus dem Tragverhalten entwickeln und dieses widerspiegeln. Nur wenn das Ingenieurbauwerk sich ohne Widersprüche in die Landschaft beziehungsweise das städtische Umfeld einfügt, wird es zur Ingenieurbaukunst und damit Teil unserer Baukultur.

Stephan Engelsmann, Bauingenieur

Verkehrsbauten sind technisch und gestalterisch hochanspruchsvolle Ingenieurbauwerke. Sie sind landschaftsprägend und raumbildend, aus diesem Grund – wie Gebäude – Teil der gebauten Umwelt. Verkehrsbauten geringschätzig als Zweckbauten zu bezeichnen, wird der funktionalen und ästhetischen Bedeutung von Infrastrukturbauwerken in einer modernen, globalisierten Gesellschaft nicht gerecht. Von der Komposition bis zum Detail sorgfältig und mit dem Anspruch einer ganzheitlichen Qualität gestaltet, werden Verkehrsbauten vielmehr zu beispielhaften Beiträgen zur Ingenieurbaukunst.

Werner Sobek, Bauingenieur und Architekt

Verkehrsbauten sind zentraler Bestandteil der vom Menschen gestalteten Umwelt. Insbesondere im urbanen Kontext verbinden sie nicht nur zwei Punkte miteinander, sondern tragen wesentlich zur Wahrnehmung und zur Wirkung des öffentlichen Raums bei. Der Gestaltung von Verkehrsbauwerken muss deshalb ganz besondere Aufmerksamkeit gewidmet werden. Eine Unterscheidung in Zweckbauten oder Ingenieurbauten sowie Architektur ist dabei weder angebracht noch sinnvoll. Verkehrsbauten sind ein Teil der gebauten Umwelt und müssen damit generell auch in gestalterischer Hinsicht höchsten Ansprüchen genügen!

Klaus Bollinger, Bauingenieur

Aus einem Preisgerichtsprotokoll zu einem Wettbewerb für eine Autobahnbrücke: „Das Preisgericht würdigt allerdings ausdrücklich den innovativen Ansatz der Konstruktion sowie den damit verbundenen Gestaltungsanspruch." Ergebnis: Kein Preis.

Kommentar unserer Partner: „Wie man dem Bericht entnehmen kann, hatten wir (mal wieder) den innovativsten Entwurf. Im Endeffekt haben ganz andere als die im Auslobungstext angepriesenen Kriterien dazu geführt, dass man sich für ein ‚übliches Brückenbauwerk' entschieden hat."

Mein Wunsch: Mehr Mut in den Preisgerichten!

Welche Rolle haben Richtlinien und Verfahrensregeln beim Bau von Verkehrsanlagen und Verkehrsbauwerken?

Wolfgang Haller, Stadt- und Verkehrsplaner

Wünschenswert wären sowohl im Regelwerk selbst als auch in den Förderrichtlinien Verfahren und Instrumente, die sicherstellen, dass die baukulturelle Dimension der Verkehrsanlagen erkannt und sowohl bei der Gestaltung als auch bei der Finanzierung angemessen berücksichtigt werden.

Rosemarie Hingerl, Berufsmäßige Stadträtin in München

Nutzung von Räumen setzt Akzeptanz der Gestaltung voraus. Diese kann nur durch Beteiligung von Politik und Öffentlichkeit erwirkt werden. Es ist Aufgabe der Fachjuroren in Wettbewerbsverfahren, die erforderliche Überzeugungsarbeit zu leisten.

Olaf Bartels im Gespräch mit
Harald Heinz, Engelbert Lütke Daldrup und Mike Schlaich

Über Baukultur
und Verkehr

Die Gestaltung städtischer
Verkehrsräume

01__Die Fußgängerbrücke zum ehemaligen Anleger der Fähre Sassnitz-Trelleborg im heutigen Stadthafen,
Ingenieure: Schlaich, Bergermann und Partner.

Die Planung und die Realisierung von Verkehrsbauwerken und von Verkehrsinfrastruktur ist eine höchst komplexe Angelegenheit, die viele behördlichen Zuständigkeiten anspricht und außerdem viele Beteiligte hat. Dies zu koordinieren und zielgerichtet zu einem in hohem Maße alltagstauglichen Ergebnis zu bringen, ist Teil erfolgreicher Baukultur. Engelbert Lütke Daldrup war Staatssekretär im Bundesministerium für Verkehr, Bau und Stadtentwicklung, Stadtbaurat in Leipzig und in der Berliner Stadtplanung tätig. Harald Heinz ist Architekt und Stadtplaner und hat sich im Rahmen der Forschungsgesellschaft für Straßen und Verkehrswesen intensiv mit gestalterischen Regelwerken auseinander gesetzt. Mike Schlaich ist Bauingenieur, Partner bei Schlaich Bergermann und Partner sowie Professor für Entwerfen und Konstruieren am Institut für Bauingenieurwesen an der TU Berlin. In diesem Gespräch reflektieren sie den Beitrag ihrer jeweiligen Disziplin und ihre persönlichen Einschätzung des Themas.

Olaf Bartels: Welchen Stellenwert haben Verkehrs- und Infrastrukturbauwerke in unserer Alltagskultur?

Harald Heinz: Verkehrsbauwerke und Verkehrsanlagen sind Räume, die wir täglich benutzen – insofern sind sie ein selbstverständlicher Teil unserer Alltagskultur. Leider werden sie meist als Abschnitte einer Verkehrsstrecke begriffen und nicht als Aufenthaltsräume. Deshalb würde ich zwischen Verkehrsanlagen und öffentlichen Räumen nicht unterscheiden wollen; Verkehrsanlagen sind für mich die wesentlichen öffentlichen Räume. Sie müssen sehr viele Funktionen übernehmen, mehr als die reinen Verkehrsfunktionen. Sie sind Aufenthaltsräume. Sie sind Orientierungslinien in der Stadt. Sie sind Orte der Identifikation und wir müssen sie so gestalten, dass sich die Bürgerinnen und Bürger diese Räume aneignen können.

Engelbert Lütke Daldrup: Im Schnitt macht jeder von uns drei Wege am Tag und wir sind etwa eine Stunde unterwegs. Das ist viel. In der Regel nehmen wir diese Wege aber nicht als schöne Wege wahr, sie sind häufig etwas Lästiges, etwas Unangenehmes, vielleicht sogar Gefährliches. Wir haben in Deutschland sehr sichere Verkehrsanlagen. Verkehrssicherungspflicht ist ein typisch deutsches Wort. Wenn sich die Kommunen beim Bau von Verkehrsanlagen nicht an vorgegebenes Regelwerk halten, laufen sie gleich Gefahr, von einem Benutzer, der einen Schaden erlitten hat, verklagt zu werden. Die Funktionalität und die Sicherheit der Verkehrsräume, also des öffentlichen Raumes, stehen dabei im Vordergrund und es wird weniger die Frage gestellt, ob es schöne Orte sind. Wir sind gut darin, unsere Systeme und die funktionalen Ansprüche daran zu optimieren, aber wir denken zu wenig darüber nach, ob sie ein angenehmes, gebrauchsfähiges und attraktives Ganzes ergeben.

Bartels: Herr Schlaich, Sie als Ingenieur könnten jetzt sagen, das wäre nicht Ihre Aufgabe, sondern die der Architekten.

Mike Schlaich: Genau das ist problematisch: Bauingenieure werden so eingeschätzt. Tatsächlich gibt es wohl auch einige Kollegen, die sich entsprechend verhalten und es sich damit sehr leicht machen. Aber das ist die Gefahr. Denn die Bauingenieure sind für einen großen Teil der gebauten Umwelt und für viele Bauten der technischen Infrastruktur verantwortlich. Aber ich glaube auch, dass wir es mit der Sicherheit ein wenig zu genau nehmen. Das führt zu Banalitäten und das tut uns dann irgendwann weh. Weil wir nicht bewusst arbeiten. Weil wir gut gestalteten Tragwerken so wenig Priorität einräumen. Wir sollten von einer ganzheitlichen Qualität reden, es müssen alle zusammenarbeiten und die Ingenieure sind bei den Verkehrsbauwerken besonders gefragt. Wir nehmen viel Geld für einen schönen Hauptbahnhof oder für einen neuen internationalen Flughafen in die Hand. Aber was ist dazwischen? Dazwischen sinkt der Anspruch extrem ab. Das ist das Traurige. Der Anspruch an eine ganzheitliche Qualität – und ich rede jetzt gar nicht von Geld, sondern vom Anspruch – die sollte sich nach Möglichkeit durch alle Bauaufgaben ziehen.

Bartels: Herr Heinz, Sie haben sich im Rahmen der Forschungsgesellschaft für Straßen und Verkehrswesen mit Regelwerken sehr intensiv auseinandergesetzt. Welche Chancen sehen Sie in solchen Situationen? Gibt es flexiblere Lösungswege?

Heinz: Mit Blick auf die Regelwerke hat es in den letzten zwanzig Jahren eine interessante Entwicklung gegeben. Wir hatten früher in diesem Bereich sehr strenge Regelwerke, an die man sich halten musste. Vor etwa zwanzig Jahren hat ein Umdenken eingesetzt. Man hat gesagt, dass man das eine oder andere verbindlich regeln müsse, aber so wenig wie möglich und nur so viel wie nötig. Denn beim Entwurf von Verkehrsanlagen sollte man flexibel auf den Ort reagieren können. Für die Straßenraumgestaltung sind daher Regelwerke, die Gestaltungsleitlinien vorgeben, besser als Richtlinien. Derartige Regelwerke können nicht für die ganze Bundesrepublik, aber für eine Region, für eine Stadt, für Stadtteile gelten. Ich halte das für wichtig, weil diese Regelwerke bewirken, dass die Bereiche, auf die sie sich beziehen, eine Identität bekommen. Und Identität ist etwas, was nach meiner Meinung in den vergangenen Jahrzehnten verloren gegangen ist. Das hat sehr viel mit dem Materialeinsatz zu tun. Überall werden die Materialen gemischt wie es gerade passt, man orientiert sich nicht an der Identität der Stadt. In Berlin haben wir es gegenüber sehr potenten Investoren oder auch gegenüber der Bundesbaudirektion geschafft, den Berliner Standard und das Berliner Stadtbild durchzusetzen. Das ist mit dieser Art von Regelwerken gelungen.

Mit den aktuellen Richtlinien zur Anlage von Stadtstraßen ist die Entwicklung von den allgemeingültigen Regeln zur größeren Freiheit wieder ein bisschen umgekehrt worden, es hat wieder einen Pendelschlag zurück gegeben. Ich denke, dass dies in Reaktion darauf geschieht, dass leider viele Kollegen mit der größeren Freiheit der letzten zwanzig Jahre nicht richtig umgehen konnten. Natürlich braucht man, um die Freiheit zu nutzen, eine besondere Qualifikation, und die fehlt in vielen Bereichen. Und zwar sowohl bei den Ingenieuren als auch bei den Architekten. Gestalterische Bemühungen konzentrieren sich fast ausschließlich auf bestimmte prominente Bauwerke. Hier findet unter Umständen auch interdisziplinäres Arbeiten zwischen Stadtplanern und Architekten statt. Der Rest des Straßennetzes wird dann von einem Tiefbauer realisiert. Ich habe schon mal einen Plan vorgelegt bekommen – da sollte ich eine Straße gestalten – und es war alles schon fertig, bis auf eine kleine weiße Fläche auf dem Plan, die als Gestaltungsfläche ausgewiesen war. Das zeigt deutlich das Verständnis, das unter vielen Ingenieuren vorherrscht.

Lütke Daldrup: Ich war gut zehn Jahre Stadtbaurat einer großen ostdeutschen Stadt, in Leipzig. Wenn sie als Baudezernent einen Straßenentwurf vorgelegt bekommen, dann ist normalerweise nur die Straße dargestellt. Es gibt keine Häuser. Wenn sie Glück haben, gibt es dort noch das sogenannte Straßenbegleitgrün. Der Standard der Ingenieurskunst für einen Straßenentwurf, der ihnen als Stadtbaurat auch einer großen Stadt präsentiert wird, sind ein paar Linien, Funktionsnachweise, Lkw-Schleppkurven, Pkw-Stellplätze und dergleichen. Alles stimmt, aber sie finden überhaupt keinen Raum. Nicht einmal der Plan gibt den Raum wieder, weil er gar nicht dargestellt und wohl auch oft nicht bedacht wird. Die Straße wird in keiner Form als räumliche Gestalt erlebbar. Ich lasse die Ingenieure da auch nicht aus ihrer Verantwortung. Wer eine Straße plant, geht mit einem hochsensiblen öffentlichen Raum um, der eben nicht nur die Funktion des Verkehrs hat. Ich stelle einen eklatanten Mangel fest in der disziplinären Qualifikation derer, die das entwerfen. Ich habe deshalb über zehn Jahre jeden Straßenentwurf, und war er noch so klein, in den wöchentlichen Planungskonferenzen zusammen mit meinen Denkmalpflegern, Stadtplanern, Stadtsanierern, Verkehrsplanern und Tiefbauern diskutiert. Ich habe versucht, eine neue Verwaltungskultur zu entwickeln, also räumliche und soziale Fragestellungen ebenso wie die Frage nach der Aufenthaltsqualität zu bearbeiten. Damit haben wir letztlich eine interne Ausbildung derjenigen Kollegen betrieben, die sich mit der Gestaltung öffentlicher Räume beschäftigen. Das wird in den traditionellen Disziplinen kaum gelehrt.

Reden wir über den Bund, über Bundesstraßen: Für sie war ich ein Jahr lang als Staatssekretär verantwortlich und drei Jahre lang habe ich es aus der Nachbarposition begleitet, in der ich für Bau und Stadtentwicklung verantwortlich war. Also, wo kommen denn die Straßenbauer her? Sie kommen aus den Ingenieurstudiengängen, zumeist mit einer spezifischen Ausbildung, die ich gerade ein wenig charakterisiert habe. Nicht überall, aber doch relativ oft. Sie werden in den Landesstraßenbauverwaltungen sozialisiert und dort zu richtigen Straßenbauern gemacht. Im Bundesministerium werden sie dann zu den obersten Richtlinienexperten, die die Aufsicht führen. In dieser Fachsozialisation spielen Fragen der Leichtigkeit des Verkehrs eine Rolle, Fragen der Sicherheit, vielleicht noch Fragen der Ökologie. Es wird klaglos ein Jahr in die Untersuchungen der örtlichen Tierwelt investiert. Aber die drei Monate aufzuwenden, die es erfordern würde, sich gestalterisch Gedanken zu machen – auf diese Idee kommt man im Normalfall nicht. Es gibt ein paar Ausnahmen, wir haben ja auch ein paar Dinge auf den Weg gebracht, aber die Grundsozialisation geht in diese Richtung.

Richtlinien machen das Leben eben einfacher, sie ersparen einem das Denken. Man schaut nach, man steht auf der sicheren Seite, der Chef kann nicht meckern. Das Gericht wird sagen, dies sei offensichtlich der Stand der Technik, dies hätten die Experten in Richtlinienausschüssen so festgestellt. Das erspart das Denken. Was kann man also tun? Man kann versuchen, Interdisziplinarität wirklich zu leben, indem man die Kollegen zusammenbringt und sie nicht auf sektorale Verantwortung einschränkt. Sie müssen sich verständigen, dann lernen alle Beteiligten etwas.

Bartels: Welchen Einfluss haben die Förderrichtlinien des Bundes auf diese Gestaltung?

Lütke Daldrup: Ein kleines Beispiel: Die Regel der Trennung von Straße und Tram-Bahnkörper ist in den Förderungsrichtlinien verankert. Das kommt aus einem bestimmten Eisenbahnfunktionalismus heraus und ist ein klassisches Produkt der Sozialisationsprozesse in den Ämtern, die ich beschrieben habe. Der Bund fördert seit vierzig Jahren nur

dann Straßenbahnen, wenn sie im Niveau von der Straße getrennt sind. Wir sind nicht bereit, die in den letzten zwanzig Jahren gewonnenen Erkenntnisse, dass es manchmal billiger und einfacher für die Stadt ist, wenn es mal ein Stück eingepflasterte Straßenbahnen gibt, zu nutzen. Solche Traditionen werden von den Fachbruderschaften mit Zähnen und Klauen verteidigt und dahinter stehen natürlich Machtfragen. Vom Stadtbild, von der Kosteneffizienz und der Akzeptanz in der Bürgerschaft her betrachtet ist es absolut irrational, zwanghaft immer einen 20 Zentimeter hohen Gleiskörper völlig separiert zu bauen.

Heinz: Hier stellt sich für mich die Frage: Wie schädlich kann Förderung sein? In diesem Fall muss man sagen, die Förderung ist falsch ausgerichtet. Im Bereich für die Beschleunigung des öffentlichen Verkehrs ist sie element- und nicht zielorientiert. Wenn es ein anderes Mittel zur Beschleunigung einer Straßenbahn gibt als den besonderen Bahnkörper, dann sollte das doch genauso möglich sein. Es ist ja nicht so, dass wir unbedingt einen Sonderbahnkörper brauchen, wenn wir viel Individualverkehr haben.

Lütke Daldrup: Das Hauptproblem im Verkehr ist doch die Separierungsideologie. Seit fünfzig Jahren wird der Autoverkehr kultiviert und in den letzten zwanzig, dreißig Jahren fangen wir an zu lernen, dass diese Separierungsideologie nicht funktioniert. Die Straßen sind nicht alle vierzig Meter breit. Man muss also die Integration betreiben und das widerspricht der Fördersystematik. Die Stadtbahn- und Eisenbahnlobbyisten haben hier die Politik ausgetrickst. Es hat doch nie ein Politiker beschlossen, dass wir getrennte Bahnkörper fördern sollen. Sondern sie haben gesagt, dass sie den öffentlichen Nahverkehr in den Städten fördern. Die Politik hat ein Ziel im Auge gehabt, das in der Verwaltung in ein funktionalistisches Prinzip umgedeutet wurde – und das wird seit vierzig Jahren „gnadenlos" durchgesetzt.

Bartels: Das Gegenstück wäre die Gleichberechtigung der Verkehrsteilnehmer. Wären Projekte des Shared Space oder der Begegnungszone eine Alternative?

Lütke Daldrup: Es hängt ganz stark davon ab, um welche Straße es sich handelt. Eine Wohngebietsstraße ist etwas ganz anderes als eine Hauptverkehrsstraße. Deshalb kann man das nicht pauschal beantworten. In Wohngebietsstraßen kann man nutzungsoffenere Systeme etablieren. Es geht mir bei Gleichberechtigung nicht nur um die funktionale Trennung der Räume, sondern um die Gleichberechtigung der Bedürfnisse, die des Autofahrers, des Radfahrers, der spielenden Kinder und so weiter. Die Straße muss eben auch ein Raumerlebnis bieten. Ich muss wissen, mit welcher Einstellung ich an die jeweilige Straße herangehe. Dass ich für eine hochleistungsfähige Straße, vierstreifig mit Stadtbahn, einen anderen räumlichen Ausdruck finden muss, dass es andere Separationen braucht, ist doch völlig unbestritten. Da ist es meiner Meinung nach auch sinnvoll, einen separaten Radweg zu haben.

Schlaich: Ich stimme darin zu. Man muss offen an die Aufgaben herangehen. Es gibt wie so oft nicht nur eine Lösung, es muss mehrere Lösungsansätze geben. Ich habe weniger mit Straßenräumen zu tun, aber mir passiert es dauernd bei der Planung von Brücken. Da gibt es die Straße, die Fahrradfahrer und die Fußgänger, und die müssen alle mit Barrieren voreinander geschützt werden – und am Schluss sieht keiner mehr von der Brücke herunter. Man muss die verschiedenen Bedürfnisse abwägen. Natürlich brauche ich Sicherheit. Wenn die Brücke aber am Schluss so verbarrikadiert ist, dass sie wie ein Tunnel daherkommt, dann bin ich über das Ziel hinausgeschossen. Deshalb muss man von Fall zu Fall entscheiden dürfen – und diese Freiheit fordere ich ein.

Das gilt übrigens auch für den Schallschutz. Die Planer dieser Maßnahmen gehen offensichtlich davon aus, dass man nur hört. Aber wenn man alles voller Schallschutzwände stellt, sieht man nichts mehr. Es ist zum Teil auch arg, wie abstrakt manches gesehen wird. Eine Straße wird auf Linien und Abstandsflächen reduziert. Und dann geht es weiter: Man bekommt Rezepte vorgesetzt. Der Planer hat seine Richtzeichnungen, sein Richtgeländer etc. und danach wird gebaut. Dadurch wird das Ganze eben so schrecklich banal. Die Ökologie ist als eine Pflichtübung jetzt noch dazu gekommen, ohne dass es sozusagen eine Zivilisierung gäbe.

Deshalb meine ich als Hochschullehrer etwas tun zu müssen. Darum bin ich hier an die TU Berlin gekommen. Nicht, weil ich predigen will, sondern weil ich zu einer Sensibilisierung der Ingenieure beitragen möchte. Das Image der Bauingenieure ist schlecht, da kann man nur Aufbauarbeit leisten, und in der Lehre muss viel getan werden. Hier in Berlin haben wir als einen der Schwerpunkte die „Stuttgarter Schule" des Entwerfens und des Konstruierens aufgenommen, die sich von Emil Mörsch über Fritz Leonhardt zu den heute noch Aktiven entwickelt hat. Dabei versuchen wir auch im Team mit den Architekten und anderen Disziplinen zu arbeiten. Da können wir in Sachen Interdisziplinarität schon einiges ausrichten.

Entwerfen von Tragwerken hat mit Kreativität zu tun. Und die Kunst liegt darin, anspruchsvolle Ingenieure auszubilden, die Mathematik und Mechanik können, bei denen die Kreativität aber nicht verloren geht. Derjenige, der aus der Hochschule herauskommt, soll sich die Kreativität bewahrt oder weiter ausgebaut haben. Und er muss im Team arbeiten können. Alle schimpfen ja derzeit auf das neu eingeführte Bachelor- und Mastersystem. Wir Bauingenieure haben diese Neuerung als Chance gesehen und zum Beispiel das sogenannte Grundprojekt eingeführt. Die Bachelor-Studenten lernen dort schon früh, ein Projekt, eine Halle, eine Brücke ganzheitlich zu bearbeiten, gemeinsam im Team der Planer durchzuspielen.

Bartels: Ich beobachte immer wieder diese Schnittstellen und Unsicherheiten. Kann man da nicht aus den Kommunen heraus einwirken?

Lütke Daldrup: Sicherlich sind Stadtbaudezernate und Stadtplanungsämter immer verschieden. Aber ich kenne eine ganze Reihe von Kolleginnen und Kollegen in den großen Städten, die sich sehr intensiv um Interdisziplinarität und Grenzüberschreitungen bemühen. Nur: Auch sie stützen sich auf eine disziplinär organisierte Verwaltung. Sie haben ein Tiefbauamt und ein Stadtplanungsamt und dann vielleicht noch jemanden, der sich um Denkmalschutzaspekte bemüht. Sie müssen also schon intern Integrationsarbeit leisten. Das gilt auf kommunaler, auf Landes- wie auf Bundesebene. Das ist ein richtiges Projekt, an der Integration des Denkens müssen sie über Jahre arbeiten. Es gibt keine Alternative als mit sanfterem oder auch stärkerem Druck dafür zu sorgen, dass die Disziplinen zusammenarbeiten. Verkehrsplaner und Architekten können meiner Meinung nach jeweils alleine keine gute Straße zustande bringen.

Bartels: Ist das nicht auch stark von der Person abhängig?

Lütke Daldrup: Ich habe nun 28 Jahre Arbeit in Verwaltungen hinter mir und weiß um die Schwächen und Stärken der dort praktizierten Organisationsmodelle. Deswegen glaube ich, dass man Persönlichkeiten braucht, die darauf drängen, dass zusammengearbeitet wird und die auch in der Lage sind, Projektteams und Strukturen zu organisieren, die das möglich machen. Im Grunde müssen sie immer, wie in jedem guten Planungsprojekt, Teams bilden, um unterschiedliche Qualifikationen zusammenzubringen. Nur dann bekommen sie einen Mehrwert, nur dann kommen sie weg von dieser additiven Funktionalität und hin zu einem kreativen, synthetischen, gesamtheitlichen Prozess.

Schlaich: Aber es hängt schon stark von den Personen ab. Wir haben so viele Projekte in Deutschland, Ost und West, gemacht; wenn sie an einen begeisterungsfähigen Tiefbauamtsleiter kommen, dann reißt er alle mit. Aber wenn dort einer sitzt, der gerade keine Lust hat, dann wird es ganz schwierig. Und dann hängt es natürlich vom Team ab und wie stark es aufgesplittert ist. Ich finde, auch der Architekt kann da viel beitragen, ein guter Architekt, der sich Gedanken über die Straßengestaltung macht, könnte auch einmal das Team führen.

Bartels: Der Architekt als Teamleader für die Gestaltung des Stadt- und Verkehrsraumes. Sind Architekten darauf vorbereitet, Herr Heinz?

Heinz: Ja, sie sollten sich aber nicht nur mit den Highlights, mit den großen Projekten beschäftigen, sondern auch mit den ganz normalen Straßen. Und da man sich nicht mit jeder normalen Straße im Detail beschäftigen muss, ist es nützlich, für bestimmte Bereiche oder einen Stadtkern Gestaltungs-Regelwerke zu haben; für den einen Typ Straße gilt das und für einen anderen Typ des öffentlichen Raumes gelten andere Regeln.

Schlaich: Es kommt auf die Sensibilisierung an. Der Leitfaden der Deutschen Bahn für die Gestaltung von Bahnbrücken ist beispielsweise sehr hilfreich. Er rüttelt auf, und man kann den Kollegen damit winken und sagen: Schaut, da steht es, die Führung der Bahn und die Politik haben es unterschrieben!

Bartels: Reißt das tatsächlich die Kollegen mit?

Schlaich: Ich glaube, viele haben auch Angst, zu Versicherungsfällen zu werden, wenn sie über den Status quo hinausgehen und zu viel Verantwortung übernehmen müssen.

Lütke Daldrup: Öffentliche Anerkennung ist sehr wichtig. Da hilft der Leitfaden und der Brückenbaupreis viel, weil er Leistungen anerkennt und damit Rückenwind gibt. Aber: Gute Arbeit macht ein bisschen mehr Mühe als durchschnittliche oder schlechte Arbeit.

Heinz: Eine Ergänzung zum Aspekt der Anerkennung: Es gibt ganz wenige Ingenieure, die in der Öffentlichkeit als Gestalter bekannt sind. In der Architektur gibt es das viel häufiger. Es gibt Stararchitekten, aber ich habe noch nie den Begriff „Staringenieur" gehört. Da besteht in der Wahrnehmung offensichtlich ein Unterschied zwischen Gebäuden und Verkehrsbauwerken. Ich glaube, für die öffentliche Vermittlung von Architektur und Ingenieurbaukunst spielen die Wettbewerbe und Preise eine ganz wesentliche Rolle.

Bartels: Die öffentliche Anerkennung von solchen Projekten oder besser: die Identifikation der Bevölkerung mit solchen Projekten hängt ja auch von der Form der Partizipation ab. Welche Rolle spielt sie nach Ihren Erfahrungen?

Lütke Daldrup: Bei der Partizipationsfrage muss man unterscheiden, worum es im Einzelnen geht. Ich persönlich habe beispielsweise die Sanierung der Eisenbahnstraße im Leipziger Osten, eine Straße mit Straßenbahn und relativ viel Verkehr, in sehr intensivem Dialog mit den Anwohnern erlebt. Das baute darauf auf, dass wir dort schon seit Jahren vielfältige Beziehungen zu den bürgerschaftlichen Gruppen, den Händlern, den Kirchen, den Vereinen und so weiter hatten und so einen Resonanzboden für die Planungen fanden. Am Ende waren wir uns relativ einig, was an diesem Ort geschehen sollte und wie man es gestalterisch lösen kann.

Wenn sie ein Autobahnprojekt nehmen, sind die Fragen ganz andere. Die Leute, die dort wohnen, wollen die Autobahn in aller Regel nicht. Es gibt Lärm, Emissionen, die Autobahn zerschneidet die Umgebung. Sie ist eine Last, die zum Nutzen der Gemeinschaft getragen werden muss. Und man kann sich als Anwohner nur schwer etwas Eigenes an diesem Projekt aneignen. Bei Autobahnen, die der Bund ja letztlich verantwortet, tut man sich auch deshalb besonders schwer, weil die Distanz der Bürger zu einem Bundesministerium groß ist. Ich habe während meiner Amtszeit den Grundsatz vertreten, dass wir nur das bauen, was die Leute auch haben wollen. Das ist nach meiner Meinung auch die einzig handhabbare Position; diese Konflikte müssen vor Ort ausgetragen werden. Man kann von der Invalidenstraße in Berlin aus nicht qualifiziert darüber entscheiden, was im Stuttgarter Raum oder andernorts angemessen ist. Das können nur die politisch Verantwortlichen vor Ort mit ihrer Bürgerschaft klären.

Bartels: Wie stellt sich das für Sie dar, Herr Schlaich? Nehmen wir die Brücke über die Heilbronner Straße in Stuttgart als Beispiel.

Schlaich: Die Brücke geht über eine der Zufahrtsstraßen nach Stuttgart, und gerade die Stadteinfahrten in Industriegebieten sind oft abschreckend. Deshalb bin ich ganz froh, dass uns dort etwas Schönes gelungen ist, das die Gestaltungsmöglichkeiten, die der Beton bietet, nutzt. Ein schönes Portal für die Stadt. Es gab dafür allerdings nicht viel Bürgerrücksprache, weil die Brücke eben nicht in einem Wohngebiet steht.

Dafür habe ich ein anderes Beispiel. In Saßnitz ging es beispielsweise darum, die Stadt, die etwas oberhalb des Hafens liegt, mit diesem zu verbinden. Zu DDR-Zeiten war dies ein Transithafen für Wessis und die Einheimischen konnten nur vom „Sachsenblick" oben schauen, aber nicht heruntergehen. Es war also eine versöhnende Geste, dort eine Fußgängerbrücke zu bauen, die oben und unten verbindet. Darüber wurde sehr viel mit den Bürgerinnen und Bürgern diskutiert. Ich war mehrfach dort. Der Gemeinderat hatte eingeladen. Wir kamen mit unserem Bauchladen an. Darin waren zehn Modelle von Fußgängerbrücken, und am Schluss haben sie sich für die schönste und nicht für die billigste Brücke entschieden. Da haben wir natürlich Glück gehabt, denn meine Sorge war, dass die sagen: Eigentlich reicht eine Treppe. Aber wir waren uns alle einig, dass das ein schöner Weg sein muss, dass es ein Wahrzeichen Saßnitz' werden muss, das man sieht, wenn man auf die Stadt zufährt. Man sollte auch erkennen, dass es der erste Schritt für eine neue Stadtentwicklung ist, und das kann eine Holztreppe eben nicht leisten. Ich meine schon, dass wir zu dieser Entwicklung beigetragen haben, indem wir die Bürger vor die Wahl gestellt haben, dass sie eine billige Holztreppe haben können, aber dass sie auch etwas für ihre Stadt tun können.

Bartels: Wie stellt sich das aus Ihrer Praxis dar, Herr Heinz?

Heinz: Ich habe mich schon oft gefragt: Darf ich eine schlechte Lösung verfolgen, wenn Bürger sie wollen? Als Gestalter habe ich die Verantwortung, nur das zu machen, was ich auch verantworten kann. Manchmal gibt es Partizipationsprozesse, bei denen nicht die optimale Lösung herauskommt. Für mich ist das ein Problem. Diese Prozesse sind sehr wichtig, damit sich die Leute nachher mit dem Ergebnis identifizieren können, aber es muss auch eine für mich als Planer vertretbare Lösung dabei herauskommen.

Lütke Daldrup: Das würde ich unterstützen. Erstens hat man ja das Problem der Partikularinteressen. Man muss sich fragen, ob die Bürgerbeteiligung auch wirklich ein halbwegs realistisches Abbild der Interessen vor Ort ergibt, und es enthebt einen nicht von der Pflicht, trotzdem eine „anständige" Brücke zu bauen oder eine Autobahn vernünftig in die Landschaft einzubetten oder den Lärmschutz so anzulegen, dass man ihn auch anschauen mag. Beides muss zusammengehen.

Das gilt eben auch für diejenigen, die in den Verwaltungen für Gestaltungsfragen verantwortlich sind. Ein Stadtbaurat spielt mit seiner Verwaltung und der dort versammelten Fachkompetenz in einer solchen Diskussion eine ganz wichtige Rolle. Das ist auch seine Pflicht, dafür wird er vom Steuerzahler bezahlt. Er muss seine gestalterische Kompetenz in den Diskurs einbringen. Aber am Ende muss natürlich immer der Gemeinderat auf der kommunalen Ebene entscheiden.

Bartels: Welche Rolle spielen Beispiele aus dem Ausland für die Diskussionen um die Qualität der Verkehrsinfrastruktur?

Lütke Daldrup: Ich bin mit meinen Stadtplanungs- und Bauausschussleuten nach Frankreich gefahren, als wir in Leipzig Debatten über den Stadtbahnausbau geführt haben. Wir haben uns dort die Stadtraumgestaltungen mit Trambahnen und dergleichen angesehen. Das hat sehr geholfen, weil die Diskussion in Leipzig die inspirierenden Erfahrungen aus Straßburg oder Lyon, wo man schöne moderne Systeme sehen kann, die sehr gut in die Stadtstruktur integriert sind, brauchen konnte. *Best practice*, das Lernen vom Anderen, ist ganz wichtig.

Olaf Bartels

Alltagsräume des Verkehrs
Beispiele für Baukultur im Stadtverkehr

Die Projekte, die auf den folgenden Seiten vorgestellt werden, sind gelungene Bauten des Verkehrs und seiner Infrastruktur. Sie sollen zeigen, wie mit dem Verkehr in unseren Städten umgegangen werden kann. Sie sind nicht als Teil einer Bestenliste zu lesen, vor allem gibt die Reihenfolge, in der sie in diesem Buch erscheinen, keine Wertung wieder. Sie sollen aber die vielfältigen baulichen Aspekte, die den Verkehr in der Stadt betreffen, in einzelnen, durchaus auf andere Fälle übertragbaren Beispielen darstellen. Sie betreffen den individuellen Auto-, Fußgänger- und Fahrradverkehr genauso wie das Reisen mit der Bahn und mit Überlandbussen, das Umsteigen von einem öffentlichen Verkehrsmittel auf

das andere oder auf ein individuelles. Es geht um das Wohnen an stark befahrenen Straßen und in allen Fällen um das Verhältnis von Verkehr und öffentlichem Raum. Letztendlich steht hinter jeder Vorstellung die Frage, wie geht die Gesellschaft mit dem Verkehr um, und wie weit kann oder muss solche Infrastruktur als Teil des öffentlichen Raums gedacht und gestaltet werden. Kurz gefragt, wo verkehrt die Gesellschaft mit Baukultur?

Der Verkehr, seine Infrastruktur und die dafür notwendigen Bauwerke sind ein wesentlicher Teil unserer Alltagskultur. Die Bedingungen, unter denen er stattfindet, sind für uns mitunter so wichtig wie das Wetter. Zumindest zählt beides zu den wichtigsten Gesprächseröffnungen oder ist Thema von Verlegenheitsunterhaltungen. Wer eine Reise unternimmt, hat etwas zu erzählen, vor allem wenn er im Stau steht, den Bus verpasst hat, die Bahn unglaubliche Verspätungen einfährt oder die Fluggesellschaft Flüge absagt. Aber nicht die Kultur des Verkehrs selbst ist hier Thema, sondern die Bedingungen, unter denen er in der Stadt stattfindet, welchen Rahmen er setzt und welchen Rahmen ihm die Bauwerke setzen, die hier vorgestellt werden. Ihre Entstehung ist ein gesellschaftlicher Prozess, an dem nicht nur Experten für die Planung des Verkehrs, des Bauens, der Freiraumgestaltung, der Konstruktion, der Architektur und anderer Disziplinen beteiligt sind, sondern auch die Experten des Alltags: wir alle, die diese Einrichtungen benutzten.

Deshalb wurde nach einem integrativen Ansatz der Projekte gesucht. Die Bauten sollten gestalterisch hohen Qualitätsansprüchen genügen und gleichzeitig sozialen, ökologischen und ökonomischen Aspekten Rechnung tragen. Vielfach waren es besondere Verfahren, die sie bauliche Realität haben werden lassen, manchmal geht es um eine besonders gut gelungene Konstruktion, manchmal um eine einfache, aber effektive Neuorganisation des Verkehrs. Vor allem aber ging es um eine für den jeweiligen Nutzer bestmögliche und für den jeweiligen Ort angemessene Lösung.

Die Auswahl der in dieser Publikation veröffentlichten fünfzehn Projekte erfolgte auf der Grundlage einer bundesweiten Recherche, die von einer Arbeitsgruppe der Bundesstiftung Baukultur und dem Redaktionsteam dieses Buches getragen wurde. Sie erfolgte in mehreren Abstufungen:

- Dabei wurden in einem ersten Schritt systematisch über hundert Beispiele aus regionalen Empfehlungen, der Recherche in Fach- und anderen Medien sowie in den Preisvergabeverfahren einschlägiger Wettbewerbe nach Kategorien sortiert: S- und U-Bahnhaltestellen, Tram- und Bushaltestellen, Umsteigeanlagen für Busse und Trambahnen, Busbahnhöfe für Überlandbusse, Fernbahnhöfe, Bahnhofsvorplätze sowie städtische Straßen und Plätze, für die der Verkehr eine herausragende Bedeutung hat; Brücken für Fußgänger und Radfahrer bildeten eine Kategorie, Brücken

für Automobile eine andere, Parkhäuser in der Stadt eine weitere und nicht zuletzt galt die Aufmerksamkeit dem Lärmschutz. Die Kategorien konnten natürlich nicht vollständig sein. Manche konnten nicht gefüllt werden.
- Zur inhaltlichen Auswahl der Projekte wurden Leitfragen formuliert, die sich auf die besondere Relevanz der Projekte in gesellschaftspolitischen Verkehrsfragen, deren räumlich-strukturelle Organisation und deren Verhältnis zum öffentlichen Raum bezogen; die Auswahl beeinflussten darüber hinaus Aspekte der Architektur, des gesellschaftlichen Wandels oder besondere Abwägungsprozesse, welche die Realisierung der Projekte förderten.
- Weitergehend wurden maßstäbliche Kriterien angelegt, sodass, neben Verkehrsbauten in Großstädten, ausgewählte Projekte in Mittel- und Kleinstädten Berücksichtigung fanden.
- Zudem sollte eine regionale Streuung erreicht werden, was nicht in der gewünschten Weise gelang. Offensichtlich begegnet man den Problemen, die dem Verkehr und seiner Infrastruktur verbunden sind, in manchen Regionen Deutschlands offensiver als in anderen.

Die Projekte sollten nicht zuletzt aus dem Planungsstadium herausgewachsen sein und es sollten in der Regel nicht mehr als fünf Jahre seit der Fertigstellung vergangen sein. So konnte davon ausgegangen werden, dass ihre Bauphase abgeschlossen ist, sie in der Benutzung einer gewissen Erprobung unterzogen worden sind und sich im Umgang mit diesen Projekten unter Umständen eine eigene Alltagskultur ergeben konnte oder auch nicht. Das galt es zu überprüfen.

Neben einem Überblick, zu dem die Fotos von Gerhard Zwickert verhelfen, sollen die Projekte dazu dienen, beispielhaft Debatten zu beflügeln, Problemstellungen in anderen Zusammenhängen zu erkennen sowie integrative ganzheitliche Lösungen im Sinne einer umfassenden Baukultur zu finden und anzustreben.

01__Blick auf den Bahnhofsvorplatz von Osten. Im Vordergrund der östliche Abgang in die Tiefgarage und die Vorfahrt zum Busbahnhof.

Ein städtischer Empfangsraum
Bahnhofsvorplatz in Erfurt

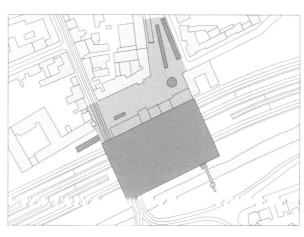

02__Lageplan.

50m 100m

Einen „großen Bahnhof" zu bekommen beschreibt in schon etwas antiquiertem Sprachgebrauch ein sehr herzliches Willkommen. Kaiser Wilhelm II. legte darauf so großen Wert, dass er in Hamburg für diesen Zweck den Bahnhof Dammtor einrichten ließ, der später auch für die Begrüßung von Staatsoberhäuptern wie der Britischen Königin oder dem Schah von Persien benutzt wurde. Nun wird heute kaum jemand wie ein Kaiser oder König am Bahnhof empfangen, aber das Ankommen, vor allem in einer fremden Stadt, ist noch immer ein wesentliches Ereignis. Man braucht gute Orientierung für weitere Verkehrsanschlüsse. Man will wissen, wie man was in der Stadt erreicht, und vielleicht will man sich auch willkommen geheißen wissen. Man will gut ankommen.

03__Blick auf den Platz von Westen.

Daran haben die Landeshauptstadt Erfurt, das Land Thüringen zusammen mit der Deutschen Bahn, die Erfurter Verkehrsbetriebe und andere Träger in den letzten Jahren intensiv gearbeitet. Sie hat einen großen Bahnhof bekommen (im direkten Sinne), in dem auch ICEs halten. Sie hat das Bahnhofsumfeld, insbesondere den Bahnhofsvorplatz, neu eingerichtet, eine Tiefgarage und einen Busbahnhof angelegt, den Verkehr der Trambahnen gesammelt und seitlich am Platz unter den Bahngleisen hindurchgeführt. Und in letzter Konsequenz ist in Zusammenarbeit mit der Firma Ströer, die so mancher Stadt mit ihren Straßenmöbeln ein neues Gesicht gegeben hat, als Betreiber auch noch ein Fahrradparkhaus entstanden. Der Platz wird also sehr vielen Funktionen des Verkehrs gerecht. Sein Überschreiten zu Fuß gehört natürlich auch dazu. Aber er erfüllt noch eine ganz andere Funktion: Wolfgang Betz von den Landschaftsarchitekten WES bezeichnet den Platz als einen Salon, einen Empfangssalon, in dem die Stadt ihre Gäste begrüßt. Dort sollten die Reisenden nach seiner Auffassung, und die haben offensichtlich die meisten Planungs- und Baubeteiligten geteilt, in einer angenehmen, vielleicht wohnlichen Atmosphäre empfangen werden. Dafür sollte der Platz möglichst frei bleiben und als städtischer Raum wirken, seine Gestaltung unauffällig und im Hintergrund bleiben und außerdem eine fein abgestimmte Skala von Braun- und Gelbfarbtönen eingehalten werden.

In der Tat wirkt er heute sehr aufgeräumt. Schilder weisen schon im Bahnhofsgebäude die Richtungen der wichtigsten Ziele in der Stadt aus, sodass darauf im Außenbereich verzichtet

werden konnte. Im Bahnhofsgebäude sind die Erdgeschossflächen nur von innen erschlossen. Damit herrscht auf dem Platz auf dieser Seite Ruhe. Nur die Gebäude der anderen drei Platzseiten haben nach außen aktive Erdgeschossnutzungen. Das führt zu einer dezenten Belegung des Platzes, die Orientierung erleichtert. Verlässt man den Bahnhof, so ist der Busbahnhof auf der rechten Platzseite mit einer auffälligen Mischung von architektonischen und gärtnerischen Elementen leicht auszumachen. Architekten, Freiraum- und Verkehrsplaner haben hier kongenial zusammengearbeitet. Die Orientierung gelingt vor allem im Dunkeln gut, weil die Lichtgestaltung zu einem wesentlichen Element der Architektur gemacht worden ist. Eine geschickte Freiraumgestaltung führt den Auto- und den Fußgängerverkehr um den wie einen Brunnen angelegten Abstieg zur Tiefgarage herum zum Busbahnhof. Der ist wiederum ein eigener kleiner Platz. Auch er dient nicht allein dem Verkehr, obgleich die Haltestellen und Parkplätze der Busse, ihre Wendeschleifen und Rangierflächen viel Raum einnehmen. Die Kioske, Cafés und Imbissstände haben unter einem markanten Dach auch eine vom Busverkehr unabhängige Nutzung. Sie sind auch dann belegt, wenn gerade kein Bus fährt. Entscheidend ist hier auch, dass der Bodenbelag nicht allzu große Niveauunterschiede aufweist. Fahrbahn und Fußwege sind nur durch eine kleine Aufkantung voneinander getrennt. Wäre der Fahrbahnbelag

04__Der Blick auf den Platz vom Busbahnhof.

05_Unterquerung des Bahnhofs mit Ladenzeile, Tram- und Bushaltestellen.

06__Der Platz wird durch zwei „Kronleuchter" beleuchtet, die dreistufig je nach Dunkelheit geschaltet werden.

07__Der Busbahnhof mit dem östlichen Abgang in die Tiefgarage.

auch mit den anderen Bodenoberflächen farblich besser abgestimmt worden, wie es die Freiraumplaner ursprünglich vorgesehen hatten, wäre hier unter Umständen eine Begegnungszone oder ein Shared Space für die verschiedenen Verkehrsteilnehmer geschaffen worden. An der gegenüberliegenden Platzseite, dort wo die Trasse der Tram und ein Fahrradweg den Bahnhof unterqueren, ist in die Passage eine Ladenzeile integriert worden, welche die kommerzielle Nutzung des Platzes ebenfalls beruhigt und ihn nicht überladen wirken lässt. Dadurch kann das „Radhaus" mit seiner leuchtenden Fassade, die sich in die farbliche Konzeption der Freiraumplaner gut und angemessen einbindet, gut zur Wirkung kommen.

Erfurt nennt sich die Stadt der Blumen. Um diesem Ruf gerecht zu werden, haben die Landschaftsarchitekten einige große Blumentöpfe aufstellen lassen. Pflanzliches Grün tritt sonst aber kaum in Erscheinung, worüber sich einige Passanten auf Befragen enttäuscht zeigten. Für einen städtischen Platz ist dies von den Planern offensichtlich nicht explizit vorgesehen worden. Dafür haben sie einen wohlgeordneten Verkehrsraum mit hohen stadträumlichen Qualitäten geschaffen. Seine Ordnung ergibt sich in der Benutzung, sie muss nicht durch Hinweise oder Verbote hergestellt werden.

08__Der westliche Abgang zur Tiefgarage und das „Radhaus" im Hintergrund.

Projektort_Erfurt, Bahnhofsvorplatz

Planung und Realisierung_Hauptbahnhof: 1999 – 2005 /
Busbahnhof: 2001 – 2002 / Willy-Brandt-Platz: 2000 – 2007 /
„Radhaus" (Fahrradstation): 2007 – 2009

Planungsverfahren_Hauptbahnhof: Realisierungswettbewerb
1995, 1. Preis umgesetzt / Busbahnhof: Realisierungswettbewerb 1999, 1. Preis umgesetzt / Willy-Brandt-Platz: Realisierungswettbewerb 1999, 1. Preis umgesetzt / „Radhaus" (Fahrradstation): Gutachterverfahren 2007, 1. Preis umgesetzt

Bauherr_Hauptbahnhof: Deutsche Bahn AG / Busbahnhof:
EVAG Erfurter Verkehrsbetriebe AG / Willy-Brandt-Platz: Stadt
Erfurt / „Radhaus" (Fahrradstation): Hochbauamt Erfurt

Nutzer/Betreiber_Hauptbahnhof: Deutsche Bahn AG /
Busbahnhof: EVAG Erfurter Verkehrsbetriebe AG /
„Radhaus" (Fahrradstation): Ströer deutsche städte medien, Köln

Projektsteuerung_Hauptbahnhof: Homola Projektmanagement
und DB Projektbau / Busbahnhof: EVAG Erfurter Verkehrsbetriebe AG

Architektur_Hauptbahnhof und Busbahnhof: Gössler Kinz
Kreienbaum, Architekten BDA Hamburg, Berlin / „Radhaus"
(Fahrradstation): Osterwold & Schmidt EXP!ANDER Architek-
ten BDA, Weimar

Tragwerksplanung_Hauptbahnhof: Hensel Ingenieure,
Kassel / „Radhaus" (Fahrradstation): Hennicke + Dr. Kusch,
Weimar / Busbahnhof: WTM Engineers GmbH, Hamburg

Landschaftsarchitektur_WES & Partner Schatz Betz Kaschke
Wehberg Krafft Landschaftsarchitekten, Hamburg Oyten Berlin

Verkehrsplanung_Hauptbahnhof: Durth Roos Consulting
GmbH, Darmstadt / Busbahnhof: Straßen- und Tiefbau Projekt
GmbH, Erfurt

Grundfläche_Hauptbahnhof: 16.500 qm / Busbahnhof:
1.520 qm / Willy-Brandt-Platz 4.000 qm

Baukosten_Hauptbahnhof: 52,7 Millionen € (Hochbau) /
Busbahnhof: 4,1 Millionen € / „Radhaus" (Fahrradstation): 1,2
Millionen €

Finanzierung und Förderprogramme_Landeshauptstadt Erfurt,
Land Thüringen, Bund, Förderprogramm: VDE Verkehrsprojekt
Deutsche Einheit

01__Der Mariensteg liegt an verschiedenen Wanderrouten, denen auch die Gasthöfe dienen.

Ein Bekenntnis zur Heimat
im vereinten Europa

Mariensteg zwischen Neuburg am Inn
(Deutschland) und Wernstein am Inn (Österreich)

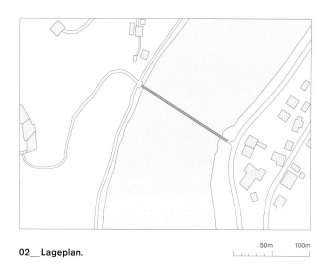

02__Lageplan.

50m   100m

Grenzüberschreitungen sind noch immer etwas Besonderes, auch in einem zollvereinten Europa der Regionen und in Zeiten eines Schengener Abkommens. Was trennt die Nationen? Was vereint die Kulturen? Was wächst wie zusammen, wenn es einst zusammengehörte? Die Gemeinden Neuburg am Inn in Bayern und Wernstein in Oberösterreich haben eine wechselvolle Geschichte. Einst gehörten beide Orte zu ein und derselben Grafschaft, dann der eine zu Bayern, der andere zu Österreich. Seit 1814 verläuft die Grenze zwischen Österreich und Bayern, respektive zu Deutschland, durch den Inn, sodass beide Orte unterschiedlichen Nationen angehören. Aber eine Verbindung bestand durch eine Seilfähre schon zwischen 1893 und 1963. Beide Orte verbindet aber nicht nur ihre Geschichte. Der Inn prägte hier wie an vielen Stellen in seinem Verlauf wunderbare Landschaften, die beide Gemeinden zu Anziehungspunkten von Wanderern und Radwanderern machen. Ihnen hier eine Brücke zu bauen, ist dann mehr eine zeitgemäße Geste zur Förderung der Mobilität als eine historische Aufarbeitung. Alle Beteiligten waren sich über den Bau schnell einig. Die Finanzierung brauchte aber den hartnäckigen Einsatz der Bürgermeister beider Orte, der aber unter anderem mit einem jährlich begangenen Brückenfest belohnt wird.

Ein großer, schräg gestellter und 30 Meter hoher Pilon auf Neuburger Seite spannt die Brücke in einem leichten, eleganten Bogen über 145 Meter über den Fluss auf einer maximalen Höhe von 8 Metern, die der österreichische Ingenieur Erhard Kargel aus Linz entworfen und als Hängeseilbrücke im Stahlbau konstruiert hat. Ihr Pilon ist mit Rückspannseilen im Granitfels verankert. Die lot- und waagrecht wirkenden Kräfte nehmen Windseile beiderseits der Querträger auf und Schwingungstilger unter dem Gehbelag minimieren die vertikalen und horizontalen Schwingungen so gut es geht. Sie sind immer noch deutlich zu spüren. Material und Konstruktion geben der Brücke die sie auszeichnende Leichtigkeit und ihre dennoch prägnante Form. Im Bild dieser Landschaft zeichnet sie sich aber trotz ihrer Form und ihrer roten Farbe durch Zurückhaltung aus. Der sparsame Einsatz des Materials und seine exakte Dimensionierung machten das möglich. Wenn die landschaftlichen Bilder in der Dunkelheit verschwinden, dreht sich dieses Verhältnis durch die Lichtinstallation von Waltraud Cooper um und

die Brücke wird selbst zu einem Zeichen, das mit zwei Federstrichen gezeichnet werden kann, aus denen heute ihr Signet besteht.

Wer die Brücke überschreitet, und dazu sind auch Radfahrer angehalten, tut dies in einem gemächlichen Tempo. Jeder Schritt liefert ein neues malerisches Bild. Die Burg Neuburg auf der deutschen, die Burg Wernstein auf der österreichischen Seite mit der barocken Mariensäule, der breite, ruhig dahinfließende Strom mit seiner dichten Bepflanzung an beiden Uferseiten oder die Krümmung der Brücke, die man wie eine Welle überschreitet. Auch die Aufsicht von der höher gelegenen deutschen Seite. All das sind Bilder, die sich dem Wanderer erst neuerdings bieten. Die Brücke symbolisiert, so ist es auf einer von beiden Gemeinden angebrachten Tafel

03__Abendlicher Blick von der deutschen Seite auf den Mariensteg und auf Burg Wernstein.

04__Die Beleuchtung nach dem Konzept der Künstlerin Waltraud Cooper.

05__Die Brücke in Untersicht vor dem landschaftlichen Panorama.

06__Der Pilon bestimmt auch beim Überqueren der Brücke das Bild.

07__Brückenkopf auf der Wernsteiner Seite.

08__Blick von der Burg Neuburg auf deutscher Seite.

zu lesen, „die Verbundenheit mit der Region und das Bekenntnis zur Heimat in einem vereinten Europa". Sie präsentiert diese Verbundenheit eben auch mit den Bildern, die sie dem Wanderer von den beiden Ortschaften und der Landschaft bietet. Dies ist ein interessantes Detail, bedenkt man, dass die Wander- und Heimatschutzbewegung des frühen 20. Jahrhunderts weitgehend von städtischen Wanderfreunden ausging, die sich (und der Allgemeinheit) ihre schönen Bilder der Kulturlandschaften erhalten wollten, was den Einheimischen oftmals unverständlich blieb und auch heute seine Gültigkeit nicht verloren hat.

Auch wenn viele der heute in Neuburg am Inn und in Wernstein Einheimischen nicht in erster Linie nach Landschaftsbildern suchen, nutzen natürlich auch sie die Brücke. Schließlich müssen sie den sonst über andere Querungen des Flusses erheblich weiteren Weg zwischen den Ortschaften nehmen. Die Brücke wird gerne angenommen, bestätigt die Bedienung in der

Gaststätte „Zum gelben Eck". Seit es sie gibt, ist nicht nur ihr Umsatz gestiegen. Auch das ist ein „Bekenntnis zur Heimat im vereinten Europa".

Projektort_Neuburg am Inn, Bayern; Wernstein am Inn, Oberösterreich

Planung und Realisierung_2004 – 2006

Planungsverfahren_Gestaltungswettbewerb 2004, 1. Preis umgesetzt

Bauherr_Gemeinde Neuburg (Bayern), Gemeinde Wernstein (Oberösterreich)

Nutzer/Betreiber_Gemeinde Neuburg, Gemeinde Wernstein

Architektur_Dipl. Ing. Erhard Kargel, Linz (Österreich)

Tragwerksplanung_Dipl. Ing. Erhard Kargel, Linz (Österreich)

Lichtplanung_Waltraut Cooper, Künstlerin, Wien

Grundfläche_Spannweite 144 m, Gesamtbreite 3 m

Baukosten_1,0 Millionen €

Finanzierung und Förderprogramme_Gemeinden Neuburg und Wernstein, Freistaat Bayern, Land Oberösterreich, Europäische Union INTERREG IIIa

01__Die nächtliche Beleuchtung des Stadions weist den Weg.

Nach dem Spiel ist zwischen den Spielen
U-Bahnhaltestelle Fröttmaning, München

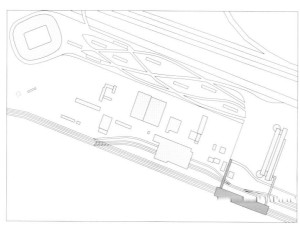

02__Lageplan.

03__Aufgänge zu den Brückenbauwerken mit den Fahrkartenautomaten.

Der Münchener Stadtteil Fröttmaning war, so lange das neue Stadion der Vereine FC Bayern München und 1860 München noch nicht im Betrieb war, ein Ort ohne wirkliche Höhepunkte: Autobahnen, Betriebsgelände, Bürohäuser, eine Park-and-Ride-Station mit Parkhaus, ein Rangierbahnhof der U-Bahn bestimmten das Bild. Die Fröttmaninger Heide, ein Areal, in dem seltene Tier- und Pflanzenarten in Biotopen gedeihen, grenzt direkt an den Bahnhof an. Nachdem das Stadion aber in Betrieb ging, gibt es hier einen Leuchtturm, der mal rotes Licht, mal aber auch türkisfarbenes ausstrahlt. Aber das Stadion strahlt noch mehr aus, es definiert diesen Stadt(rand)-bereich völlig neu.

Das galt auch für die U-Bahnhaltestelle, die 1994 hier als Park-and-Ride-Station entstand. Sie sollte den Bedingungen einer Stadionhaltestelle angepasst werden: breitere Bahnsteige, eine angemessen große Zone für den Verkauf von Fahrkarten, eine gute Orientierung und eine einfache Wegeführung zum Stadion. Bohn Architekten aus München, die diese Haltestelle gebaut hatten, bekamen auch den Auftrag, die Station umzubauen. Mit der Vergrößerung der Bahnsteige musste ein neues Dach entstehen. Der Umbau kam also

einem Neubau der Station gleich. An der Nordseite der Haltestelle wurde eine neue Brücke ergänzt, über die man, über das parkähnliche Stadionvorfeld hinweg, unter dem fast gleichzeitig mit dem Bau des Stadions großzügigst Parkplatzflächen für die automobilen Besucher eingerichtet worden sind, direkt zum Stadion gelangt. Dieser Weg geht sich fast von alleine, denn die ikonenhafte Architektur von Herzog de Meuron leuchtet für die Fußballfans schon, wenn sie die Bahn verlassen. Sie müssen nur dem Licht am Horizont

04__Das leuchtende Dach der U-Bahnhaltestelle dient auch der Orientierung im heterogenen Umfeld der Station.

05__Die Station mit der schon älteren südlichen Brücke zum Park-and-Ride-Parkhaus.

06__Komplettansicht der Station.

folgen. Der Rückweg ist auch leicht zu finden. Wer ihn sich nicht eingeprägt hat, dem hilft das blau leuchtende Membrandach der U-Bahnstation. Seine Erscheinung ist prägnant, dabei gleichzeitig zurückhaltend und steht in keiner Konkurrenz zum Stadion. Es überspannt die beiden breiten Bahnsteige mit den vier Gleisen gestützt von jeweils einer Reihe baumartig aufgefächerter Stahlstützen, die auf den Bahnsteigen selbst nur wenig Platz einnehmen. Dieses zeltartige Dach hat für die Haltestelle eine vielfältige Bedeutung. Es dient nicht nur dem Wetterschutz, es bestimmt den Ort der Haltestelle inmitten der großen Rangieranlage, in seinem höchst heterogenen baulichen Umfeld und es sorgt mit seiner Illumination für eine Einstimmung auf das für die meisten Fahrgäste im Stadion zu erwartende Ereignis. Prägend für die Architektur der Haltestelle und für ihre Präsenz in ihrem baulichen Umfeld ist ihre massive Rückwand, deren gesamte Fläche (immerhin 250 Meter) von dem Wiener Künstler Peter Kogler gestaltet worden ist. Sie stützt einen Erdwall, der rückseitig angeschüttet wurde, um die sich dahinter auftuende Fröttmaninger Heide sanft an das Bauwerk heranzuführen. Von hier ist nur das Dach erkennbar, das auch von der Wand abgespannt wird. Sie scheidet also zwei sehr unterschiedliche Welten hoher Betriebsamkeit auf der einen und unerwarteter biologischer Reservate, die Ruhe zum Wachsen brauchen, auf der anderen.

All dem entspricht das Bauwerk über die Funktion der Verkehrsabwicklung hinaus. Selbstverständlich sind die Eingangsbereiche mit den Fahrkarten- und Entwerterautomaten großzügig eingerichtet und genügend Fahrtreppen angelegt worden. Architektonisch funktionieren sie wie eine Art Sockel über dem das Membrandach zu schweben scheint. Ihre durchgängig schwarzen Fliesenoberflächen bilden nicht nur einen wichtigen Kontrast zu der Leichtigkeit des (unbeleuchteten) weißen Daches, sie scheinten auch gegen Graffitis besonders resistent zu sein.

Aber die Haltestelle Fröttmaning dient nicht nur der Abwicklung eines Massenevents. Der südliche Zugang ist noch immer mit dem Park-and-Ride-System verbunden und wird entsprechend genutzt. Auf dieser Seite steht derzeit ein großes Theaterzelt, dessen Betrieb von der guten Erreichbarkeit mit der U-Bahn profitiert. Vor und nach dem Spiel ist hier zwischen den Spielen. Die

07__Gefüllter Bahnsteig nach einem Fußballspiel.

Haltestelle macht in diesen sozusagen normalen Zeiten nicht den Eindruck, verloren auf große Zeiten der Dienstleistung zu warten. Sie wirkt trotz der ungewöhnlich vielen Gleise nicht überdimensioniert.

Die Architektur hat bei diesem Bauwerk also eine höchst vielseitige Bedeutung. Sie vermittelt zwischen den Gegensätzen, die dieses Gebiet prägen. Sie ist selbst prägnant und definiert den Ort, an dem sie steht. Und sie sorgt flexibel für unterschiedliche Nutzungen, für eine angemessene Atmosphäre. Sie ist in der Landeshauptstadt München kein Einzelfall. U-Bahnhaltestellen genießen ein besonderes Augenmerk der städtischen Planer und der jeweils beauftragten Architekten und Ingenieure, die auch an mehreren anderen Haltestellen baukulturell innovative Lösungen fanden.

Projektort_U-Bahnstation Stadion München-Fröttmaning

Planung und Realisierung_2002 – 2005

Planungsverfahren_Direktauftrag

Bauherr_Landeshauptstadt München, Baureferat

Nutzer/Betreiber_Münchener Verkehrs Verbund

Projektsteuerung_Drees & Sommer GmbH, München

Architektur_Bohn Architekten, München

Tragwerksplanung_Christoph Ackermann, München, Ingenieurbüro Seeberger Friedl & Partner, München

Landschaftsarchitektur_Schober – Büro für Landschaftsarchitektur, Freising

Verkehrsplanung_Landeshauptstadt München, Baureferat

Lichtplanung_Bohn Architekten, München

Beteiligte Künstler_Prof. Peter Kogler, Wien

Grundfläche 4.700 qm

Baukosten_20 Millionen €

Finanzierung und Förderprogramme_90% durch das Land Bayern, 10% Landeshauptstadt München

01__Die Eingangszonen an der Richard-Strauss-Straße dienen als Schallschutzpufferzonen.

Lärmschutz zwischen den Zeilen
Wohnen am Mittleren Ring, München

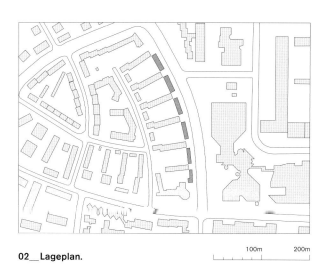

02__Lageplan.

100m   200m

Schon in den 1940er Jahren haben Stadtplaner und Städtebauer über eine aufgelockerte und gegliederte Siedlungsform nachgedacht und wenig später das Prinzip der autogerechten Stadt proklamiert. Beides sollte zusammengehen: eine lockere Bebauung von Grün durchspielt mit der reduzierten Dichte der Stadtteile, die notwendigerweise eine Ausbreitung in der Fläche zur Folge hatte. Den durch diese Praxis entstehenden großen Distanzen wurde durch den autogerechten Umbau der Städte Rechnung getragen. Keines der Konzepte ist in der von den Autoren gemeinten Reinform umgesetzt worden. Man hat hier und dort locker durchgrünte und vielleicht auch gegliederte Siedlungen gebaut und dem Auto den generellen Vorrang in der Planung eingeräumt. Die Folgen dieser Politik sind bekannt: Der Autoverkehr dominiert den öffentlichen Raum, er gefährdet unsere Gesundheit und er führt auch zu einer Abwertung verkehrsreicher Lagen. Die Bewohner von aufgelockert gebauten Siedlungen, die in der Nähe von Hauptverkehrsstraßen wohnen, leiden bis heute unter dieser Situation.

Das ist auch am Mittleren Ring in München so. Die 1957 zwischen der Amberger Straße und der Richard-Strauss-Straße, wie der Mittlere Ring hier heißt, fertiggestellte Siedlung ist zwar wunderbar mit dem Auto zu erreichen, aber die Lärm- und Abgasbelastungen des mittlerweile sehr stark befahrenen Rings beeinträchtigen die Lebensqualität der Bewohner erheblich.

Die Stadt München hat ein ganzes Bündel an Maßnahmen getroffen, um die vom Verkehr auf dem Ring ausgehenden Belastungen zu reduzieren. Das hohe Verkehrsaufkommen wird akzeptiert, die daraus entstehenden Belastungen sollen gestalterisch und sozial abgefedert werden. Einige Abschnitte werden untertunnelt. Auf der Oberfläche wird der Zielverkehr weitergeführt oder es entstehen Grünflächen wie der viel gelobte Petuel-Park. Aber ausgerechnet vor der Wohnsiedlung an der Richard-Strauss-Straße taucht der Durchgangsverkehr wieder aus dem Untergrund auf und wird an der Oberfläche weitergeführt. Eine Lärmschutzwand hätte zwar den Schall für die Bewohner dämmen können, gleichzeitig aber neue, unter anderem ästhetische oder stadträumliche Probleme aufgeworfen. Von den Fragen der Finanzierung ganz zu schweigen. Der Bauherr, die Bayerische Versorgungskammer, hat gemeinsam mit der Stadt München einen

03__Die Wohnungen sind auch zur lauten Straße orientiert und die Fenster lassen sich öffnen.

04__Blick in den neu geschaffenen Innenhof.

05_Bestandsbauten, im Vordergrund die Anwohnerstraße.

Wettbewerb ausgelobt. Dabei ging es darum, eine intelligente Lösung herbeizuführen, denn der Schallschutz und die mit Lärmschutzwänden einhergehenden Defizite sind letztendlich Teile der komplexen Problemlage. Es wurde nach einer Möglichkeit gesucht, die Zwischenräume zwischen den Zeilen mit Wohnungen zu schließen und dies mit weiterem Nutzen zu verbinden. In einem dafür ausgelobten Wettbewerb konnten die Berliner Architekten Léon Wohlhage Wernik die überzeugendste Lösung vorlegen.

Sie schlugen eine Bebauung zwischen den Zeilen vor, die sowohl einen passiven Schallschutz anbietet indem durch die ergänzende Bebauung die Belastung der Wohnungen in

den Zeilenbauten vermindert wird, als auch einen aktiven Schallschutz in den Neubauten vorsieht. Die Fensteröffnungen sind hier sehr sparsam bemessen und mit hohen Schallschutzeigenschaften ausgestattet worden. Die Wohnungen orientieren sich vorwiegend in den Innenhof, der nach Westen ausgerichtet ist. Einher ging die Maßnahme mit der Sanierung und energetischen Optimierung der Altbauten sowie einer Neugestaltung der Höfe. Man hat sich von der großen lauten Straße nicht ganz abgewendet. Zu dieser Seite liegen in den Häusern vorwiegend Flure, aber nicht nur. Manche der Wohnungen haben hier ihre Bäder oder auch Esszimmer, die die Morgensonne einfangen. Die Häuser verschließen sich also zu dieser Seite nicht. Einige der Fenster sind zu öffnen. Auch die Hauseingänge liegen an der Richard-Strauss-Straße, die damit auch für Fußgänger weiterhin erfahrbar bleibt. Den Eingängen sind kleine begrünte Höfe vorgeschaltet, die jeweils vor den Giebelwänden der bestehenden Häuser eingefügt wurden und sozusagen als Schallschutzschleusen funktionieren. Die Schallisolierung der Zeilenbauten wurde mit der architektonischen Gestaltung dieser Gebäudeseite verbunden. Mehr noch: Die Fassade ist ein ganz wesentliches Element des Entwurfes. Die modellierte Oberfläche absorbiert einerseits den Schall, dient aber auch zu ihrer Gliederung, die mit ihren Gelb- und Grüntönen, deren Akzeptanz durchaus kontrovers diskutiert wird, farbliche Akzente setzt.

Die Siedlung ist einer umfassenden Sanierung unterzogen worden. Man könnte sagen, sie ist modernisiert worden. Denn sie war den neuen Anforderungen der Stadt und ihres Verkehrs nicht mehr gewachsen. Dabei hat man sich in einem besonderen Pragmatismus geübt und das Notwendige mit dem Nützlichen verbunden. Eine gute Erreichbarkeit kann hier wieder mit einer hohen Wohnqualität verbunden werden, ohne dass eine große, stark befahrene Hauptverkehrsstraße zu einem unter Umständen auch sozial degradierten Nicht-Ort erklärt werden muss. Somit haben soziale, ökologische, stadträumliche und architektonische Parameter zusammengefunden, die als eine angemessene baukulturelle Reaktion auf die Verkehrslärmproblematik in unseren Städten gelten kann.

06__Hausflur an der lauten Hauptverkehrsstraße.

07__Fassade an der Richard-Strauss-Straße (Mittlerer Ring).

08__Die Wohnsiedlung im Überblick.

Projektort_Amberger Straße, München

Planung und Realisierung_2005 – 2009

Planungsverfahren_Realisierungswettbewerb 2005, 1. Preis umgesetzt

Bauherr_Bayerische Versorgungskammer, München

Nutzer/Betreiber_Bayerische Versorgungskammer, München

Architektur_Léon Wohlhage Wernik Architekten, Berlin

Tragwerksplanung_Sailer Stepan Partner Tragwerksplanung, München

Landschaftsarchitektur_Thomanek Duquesnoy Boemans Landschaftsarchitektur, Berlin

Schallschutz_Müller BBM, Planegg

Grundfläche_BGF 12.250 qm

Finanzierung und Förderprogramme_frei finanziert

01__Das Gebäude der städtischen Sparkasse am neuen Hans-und-Sophie-Scholl-Platz.

Bürger und Verkehr
Neue Mitte Ulm

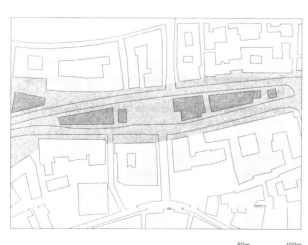

02__Lageplan.

50m   100m

Es erging der Ulmer Altstadt wie vielen Altstädten, die es nach dem Zweiten Weltkrieg mit großflächigen Zerstörungen zu tun hatten. Auf den „frei" gewordenen Flächen machte sich der Autoverkehr breit. Man sah die Chance, hier einen lange gehegten Wunsch nach schnelleren Wegen zu realisieren. In Ulm wie anderswo sah man damals eine Entwicklung als Fortschritt an, die diese Städte heute massiv beeinträchtigen. Der stark zunehmende Verkehr nahm den Stadtraum und ihre Bürger als Geisel, beschränkte deren Lebensräume und teilte die Ulmer Altstadt in zwei Teile. Der hier später als Lösung von den Kommunalpolitikern angestrebte Straßentunnel findet seine Entsprechung in anderen Städten. Was die Situation in Ulm aber besonders macht, ist das bürgerliche Engagement in dieser Sache. Bürgerinitiativen wussten den Tunnel und die dazu geplante Tiefgarage nicht nur mit erheblichem Widerstand zu verhindern, sondern beteiligten sich auch intensiv an der Lösung des Problems.

Nicht zuletzt aus diesem bürgerlichen Engagement heraus entstand mit Hilfe mehrerer städtebaulicher und architektonischer Wettbewerbe die neue Bebauung. Die Verkehrsschneise wurde in drei Streifen geteilt und auf dem mittleren entstanden neue Gebäude. Diese konturieren den Stadtraum überzeugend: Das Münstertor schafft den Übergang vom Münsterplatz in den neuen Straßenzug und hier akzentuieren zwei Gebäude, die Sparkasse und die Kunsthalle, den Ort. Sie flankieren das alte Rathaus der Stadt und prägen mit der nördlich vorhandenen Bebauung und dem Hans-und-Sophie-Scholl-Platz den neu gewonnenen Stadtraum. Der Platz liegt in etwa dort wo früher einmal der Ulmer Markt bestand. Trotz dieser Umbauten fließt der Verkehr hier weiter durch die Stadt, es wird ihm aber weniger Raum gegeben. Der individuelle Autoverkehr darf mit maximal 30 Kilometer pro Stunde südlich von Sparkasse und Kunsthalle auf zwei Spuren passieren, nördlich verkehren die Fußgänger und es fahren die Omnibusse.

Mit den Neubauten und der neuen Organisation des Verkehrs hat sich dieser Stadtraum erheblich verändert. Man kann sagen: Die Bürger Ulms haben sich über eine intensive Anteilnahme am Planungsprozess ein Herzstück ihrer Stadt zurückgeholt. Der historische Maßstab des Stadtraums konnte wiederhergestellt und neu interpretiert werden. In Ulm konnte sich eine neue Form der Planungskultur etablieren. Der Verkehr muss sich dieser Bedingung jetzt anpassen und nicht umgekehrt. Dieses Zusammenwirken unterstreicht besonders die Freiraumgestaltung, die einen fast einheitlichen Belag über die alte Fläche der alten Neuen Straße legt, der die Fahrbahnen und die Fußgängerbereiche zwar in seiner Textur aber kaum farblich unterscheidet. Auch der Niveauunterschied ist minimal. Allein die Wartebereiche an den Bushaltestellen befinden sich auf einer höheren Ebene, um das Ein- und Aussteigen zu erleichtern. Führen die Autos hier nicht relativ langsam, müsste man als Fußgänger Angst haben, es könnte eines der Gefährte aus der Bahn geraten. Die Verkehrsplaner gehen offensichtlich davon aus, dass Autofahrer, aus Angst, Schaden anzurichten, mit mehr Vorsicht fahren. Der

03__Der Autoverkehr (links im Bild) ist vom Fußgänger- und dem Busverkehr getrennt. In der Mitte des Bildes: die Kunsthalle Weishaupt.

04__Der neue Hans-und-Sophie-Scholl-Platz mit der Kunsthalle und dem Ulmer Münster im Hintergrund.

06__Die Tiefgarage mit dem leicht erhöhten, besonders beleuchteten Fußweg.

05__Der Abgang zur Tiefgarage.

07__Die historischen Funde sind in die Architektur der Tiefgarage integriert worden.

Autoverkehr ist mit 13 000 bis 15 000 Fahrzeugen täglich nach wie vor an dieser Stelle erheblich und die Straße zeitweise nur mit der Rücksichtnahme aller Verkehrsteilnehmer und mit Hilfe von Ampeln zu überqueren. Besonders gewonnen haben der nördliche Bereich und die Flächen für Gebäude und Stadtplätze. Wenn es allerdings gelingt, auch den Durchgangsverkehr über die Neue Straße durch Entschleunigung zu reduzieren, könnte auch der südliche Bereich wieder zum Teil der umgebenden Quartiere werden.

Zur Neuen Mitte in Ulm gehört auch die Tiefgarage, die sich auf zwei Ebenen unter dem ganzen Ensemble erstreckt. Hier spürt man das besondere Engagement aller Beteiligten etwas Besonderes zu schaffen. Wenig auffällige, dafür aber stark lichtdurchflutete Glaspavillons führen auf die Parkebenen hinab und schaffen auch unter der Erde Tageslicht, das zumindest zum Bedienen des Parkautomaten ausreicht. Die eigentlichen Parkbereiche betritt man über rot gefärbte, leicht erhöhte Fußwege (etwa 15 Zentimeter über der Ebene der Parkplätze), die der Länge nach durch

die parkenden Autos führen. Die Garage wird für so manchen Besucher auch der Eingang zur Stadt sein. Die vielfachen Hinweise auf den Ort und seine Geschichte sind hier deshalb gut untergebracht, zumal Archäologen nicht nur Mauern aus der Zeit der Staufer, sondern auch Alltagsgegenstände aus der späten Phase des Zweiten Weltkrieges präsentieren. An einem Informationsstand werden durch das Personal Auskünfte erteilt.

Das Engagement der Ulmer Bürgerschaft und ein kluges Management des Planungsverfahrens durch die Verwaltung haben die Stadt wieder auf die Höhe der Zeit gebracht und die Neue Mitte zu einem der meist beachteten Stadterneuerungs- und Verkehrsprojekte Deutschlands werden lassen. Verkehr meint nicht nur die Bewegung der Menschen mit oder ohne Fahrzeuge, sondern ihr Umgang miteinander, vor allem den der Bürger untereinander. In Ulm und seiner Neuen Mitte wird besonders deutlich, wie Partikularinteressen einem Gemeinwohl untergeordnet werden können.

08__Nächtliche Stimmung am neuen Hans-und-Sophie-Scholl-Platz.

Projektort_Neue Mitte, Ulm

Planung und Realisierung_Sparkasse: 2003 – 2006 / Kaufhaus Münstertor: 2003 – 2006 / Tiefgarage: 2003 – 2006 / Landschaftsarchitektur: 2004 – 2007 / Kunsthalle Weishaupt: 2005 – 2007

Planungsverfahren_mehrere Architekten-Workshops zum Städtebau, 1995 – 1998 / Städtebaulicher Rahmenplan: Wettbewerb 1998, 1. Preis umgesetzt / Sparkasse: Einladungswettbewerb 2003, 1. Preis umgesetzt / Kaufhaus: Einladungswettbewerb 2003, 1. Preis umgesetzt / Tiefgarage: Direktauftrag / Landschaftsarchitektur: Realisierungswettbewerb 2004, 1. Preis umgesetzt / Kunsthalle: Direktauftrag

Bauherr_Sparkasse: Sparkasse Ulm / Kaufhaus: August Inhofer Wohnbau, Senden / Tiefgarage: Ulmer Parkbetriebs-Gesellschaft mbH / Landschaftsarchitektur: Stadt Ulm, Stadtentwicklung, Bau und Umwelt, vertreten durch Baubürgermeister Alexander Wetzig / Kunsthalle: Siegfried Weishaupt, Schwendi

Nutzer/Betreiber_Sparkasse: Sparkasse Ulm / Kaufhaus: August Inhofer Wohnbau, Senden / Tiefgarage: Ulmer Parkbetriebs Gesellschaft mbH / Kunsthalle: Siegfried Weishaupt

Projektsteuerung_Sparkasse: Drees & Sommer, Stuttgart / Kaufhaus: Stephan Braunfels Architekten BDA, Berlin / Tiefgarage: Scherr + Klimke, Architekten Ingenieure, Ulm

Städtebau_Arbeitsgemeinschaft Guther, Lutz, Dr. Schenk, Ulm

Architektur_Sparkasse und Kaufhaus: Stephan Braunfels Architekten BDA, Berlin / Tiefgarage: Arbeitsgemeinschaft Adrian Hochstrasser, Architekt BDA; Scherr + Klimke, Architekten Ingenieure, Ulm / Kunsthalle: Wolfram Wöhr Architekten, München

Tragwerksplanung_Sparkasse und Tiefgarage: Scherr + Klimke, Architekten Ingenieure, Ulm / Kaufhaus: SSP Sailer, Stepan & Partner, München / Kunsthalle: Ingenieurbüro Bauer, Ulm

Landschaftsarchitektur_Mühlich, Fink & Partner, Architekten BDA + Stadtplaner, Ulm

Verkehrsplanung_Stadt Ulm, Hauptabteilung Verkehrsplanung

Grundfläche_Sparkasse: BGF 4.000 qm / Kaufhaus: BGF 2.500 qm / Tiefgarage: ca. 590 Stellplätze / Landschaftsarchitektur: 13.600 qm / Kunsthalle: BGF 4.000 qm

Baukosten_Sparkasse: 12 Millionen € / Kaufhaus: 6,5 Millionen € / Tiefgarage: 22,3 Millionen € / Landschaftsarchitektur: 9 Millionen € / Kunsthalle: 9,5 Millionen €

Finanzierung und Förderprogramme_Sparkasse: frei finanziert / Kaufhaus: frei finanziert / Tiefgarage: Ulmer Parkbetriebsgesellschaft mbH (Stadteigener Betrieb) / Landschaftsarchitektur: Stadt Ulm / Kunsthalle: frei finanziert

01__Die neuen Hallen des Kieler Hauptbahnhofs, vorne die Halle über den Querbahnsteig, im Hintergrund die neue Bahnsteighalle.

Eine moderne Renaissance

Bahnhofshalle Kiel

02__Lageplan.

50m   100m

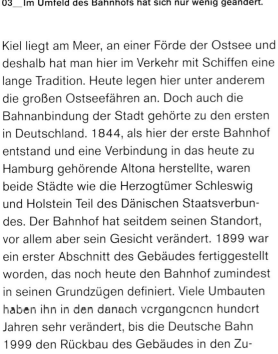

03__Im Umfeld des Bahnhofs hat sich nur wenig geändert.

04__Blick von der neuen Bahnsteighalle in den Bahnhof.

Kiel liegt am Meer, an einer Förde der Ostsee und deshalb hat man hier im Verkehr mit Schiffen eine lange Tradition. Heute legen hier unter anderem die großen Ostseefähren an. Doch auch die Bahnanbindung der Stadt gehörte zu den ersten in Deutschland. 1844, als hier der erste Bahnhof entstand und eine Verbindung in das heute zu Hamburg gehörende Altona herstellte, waren beide Städte wie die Herzogtümer Schleswig und Holstein Teil des Dänischen Staatsverbundes. Der Bahnhof hat seitdem seinen Standort, vor allem aber sein Gesicht verändert. 1899 war ein erster Abschnitt des Gebäudes fertiggestellt worden, das noch heute den Bahnhof zumindest in seinen Grundzügen definiert. Viele Umbauten haben ihn in den danach vergangenen hundert Jahren sehr verändert, bis die Deutsche Bahn 1999 den Rückbau des Gebäudes in den Zustand des späten 19. Jahrhunderts forcierte. Das betraf zunächst den Kopfbau, den die Architekten gmp - von Gerkan Marg und Partner entwarfen. Ein radikaler Umbau, wie ihn der Kopfbahnhof am anderen Ende der Ursprungsstrecke in Hamburg-Altona erwartet oder wie es gar in Stuttgart vorgesehen ist, blieb Kiel erspart.

Für die Bahnhofshalle zeichnen Gössler Kreienbaum als Architekten verantwortlich. Die Tragwerksplanung leistete die DE-Consult Deutsche Eisenbahn Consulting GmbH, die auch die Generalplanung des Baus übernahm. Auch hier war eine Wiederherstellung der alten Halle vorgesehen. Doch bautechnische Gründe sprachen dagegen. Der Baugrund hatte sich so verändert, dass die alte Halle keine ausreichende Standsicherheit mehr hatte. Bauherr und Architekten entschlossen sich zu einer neuen Interpretation der alten Bauweise, deren Resultat heute dem

Ankommen und Abfahren in Kiel einen architektonischen Rahmen setzt.

Die neue Halle bezieht sich nur im Prinzip auf die alte. Sie ist eine moderne Stahlkonstruktion aus Hohlprofilen, die nicht die gleiche Leichtigkeit haben kann wie die alte. Trotzdem hat sie eine großzügige Weite angenommen und durch einige große Öffnungen fällt sehr viel, vielleicht sogar mehr Licht in das Innere als in dem alten Teil. Die Decke hat eine helle Färbung und Tragwerksplaner sowie Architekten haben das Prinzip der Glas-/Stahlkonstruktion übernommen, das den Verlauf der Kräfte zumindest für die primäre Konstruktion nachvollziehbar zeigt. Für die Dachflächen gilt das allerdings nicht. Es ist aber nicht bei einer reinen Replik geblieben. Der Raum hat einen ganz eigenen Charakter angenommen. Die Spannweiten der Bögen sind zwar die gleichen geblieben und in der Höhe sind sie auch angeglichen worden. Sie wurden v-förmig entlang der Längsachse aufgestellt und verschaffen dem Raum so eine ganz andere Durchlässigkeit, als dies durch die alte Konstruktion mit ihren Fachwerkträgern überhaupt möglich war. Das vermittelt den Reisenden eine leichte Atmosphäre mit spielerischen Schlag- und Streiflichtern, die das Ankommen, Warten, Verabschieden, Begrüßen oder Abfahren freundlich gestaltet, freundlicher als es die vielzitierte „Bahnhofsatmosphäre" meint. Geschäftig geht es natürlich auch auf dem Kieler Hauptbahnhof zu, schließlich werden hier vom ICE bis zur Regionalbahn alle Zugarten in hohen Frequenzen abgefertigt. Vor dem Querbahnsteig, der dem Bahnhof als Kopfbahnhof zusteht, ist ein kleiner Markt für Reisebedarf eingerichtet worden. Eine Shopping Mall blieb dem Bahnhof erspart. Die direkte Nachbarschaft

05__Querblick.

06__Außensicht.

07__Längsblick.

entsprechender Einrichtungen verhinderte eine derartige Kommerzialisierung. Er ist ganz im Sinne einer Renaissance ein Bahnhof geblieben und gleichzeitig ein sympathisches Flickwerk. Auf der Seite zur Förde haben Gössler Architekten schon vor geraumer Zeit ein Multiplex-Kino ergänzt. Die Organisation der Anschlüsse an den Stadtverkehr hat der Umbau allerdings nicht mitdenken dürfen, schräg vor Kopf befindet sich noch immer sehr pragmatisch ein als Parkhaus genutztes Stahlgerüst. Auch die Busse drängeln sich nach wie vor am Sophienblatt, nur der Bahnhofsvorplatz im engeren Sinne wurde neu gestaltet. Dafür lässt sich durch die große Glasscheibe schon bei der Anfahrt mit dem Bus erkennen, ob der Anschlusszug abgefahren ist oder nicht. Zwischen dem Markt unter dem Bahnhofsdach und der neuen Bahnsteighalle gibt es keinen wirklichen Anschluss. Es ist eher eine Schnittstelle: Das restaurierte und das neue Dach stoßen schlicht und unvermittelt aneinander und damit ist auch ein Wechsel in der Raumatmosphäre spürbar: Die großzügige Weite der hellen Gleishalle wechselt in die Enge einer Markthalle. Trotz der großzügigen Raumentfaltung der Bahnsteighalle, die der Landeshauptstadt ein würdiges Entree verschafft und ein respektables Zeichen für die Mobilität im 21. Jahrhundert setzt, ist sie zu einem Teil eines Mischwerkes gewor-

den, was man im guten Sinne ein städtisches nennen könnte. Es macht aber auch die Komplexität eines solchen Vorhabens deutlich. Ursprünglich hatte das gründungstechnische Ursachen, letztlich hat es zu einer ingenieurtechnisch-architektonischen Neuinterpretation des Bahnhofs geführt: eine gelungene Modernisierung in der Renaissance der Bahnhöfe.

Projektort_Sophienblatt

Planung und Realisierung_1999 – 2003 Sanierung Querstieghalle / 2002 – 2006 Neubau Bahnsteighalle

Planungsverfahren_Direktvergabe DB AG

Bauherr_Deutsche Bahn AG

Nutzer/Betreiber_Deutsche Bahn AG

Projektsteuerung_DB-Projektbau

Architektur_Gössler Kinz Kreienbaum Architekten BDA, Hamburg, Berlin

Tragwerksplanung_Querstieghalle: KSK Ingenieure, Eutin / Bahnsteighalle: DE-Consult, Frankfurt

Lichtplanung_Gössler Kinz Kreienbaum Architekten BDA, Hamburg, Berlin

Grundfläche_Querstieghalle: 2.225 qm / Bahnsteighalle: 6.880 qm

Baukosten_Querstieghalle: 7,2 Millionen € / Bahnsteighalle: 19 Millionen €

Finanzierung und Förderprogramme_Deutsche Bahn AG

01__Der Jakobi-Platz.

Verkehr als Alltagsgeschäft
Neugestaltung von Wasserturmstraße
und Talstraße, Freiberg (Sachsen)

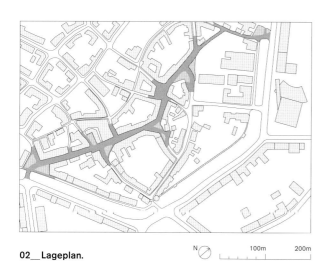

02__Lageplan.

Altstädte haben in Ostdeutschland noch immer einen schweren Stand. Nur selten kam ihnen zu DDR-Zeit eine wirkliche Aufmerksamkeit zu. Ein formeller Denkmalschutzstatus war in der Regel das Zugeständnis. Die Folgen und Spätfolgen dieser Politik sind an vielen Orten noch spür- und sichtbar. Wenn Eigentumsfragen nach der Wende nicht schnell oder gar nicht zu klären waren, der Eigentümer keine finanzielle Kraft oder den Willen hatte, in das geerbte Gebäude zu investieren, blieb der öffentlichen Hand nur eine Vorleistung in die Infrastruktur. Die Hoffnung, dass dies mehr Investitionen nach sich zieht, wurde dabei nicht immer erfüllt. Vielerorts kam ein sehr einheitliches Design zum Tragen, das sich weit im Osten Deutschlands ausbreitete und zu austauschbaren Gehwegpflasterungen und Straßenlaternen führte. Die Orte gleichen sich deshalb manchmal zu sehr und verlieren dadurch ihre Spezifität.

Die Stadt Freiberg in Sachsen leidet wie viele andere Städte unter Bevölkerungsrückgang. Ihre Statistik zeigt die üblichen Verhältnisse: Seit 1992 ist ihre Zahl von gut 46 000 auf knapp 41 200 zurückgegangen. Die Sterberate überwiegt die der Geburten, die Abwanderung junger Frauen ist stark und die Bevölkerung hat ein starkes Gewicht in den älteren Jahrgängen. Ein für eine schrumpfende Stadt typisches Bild. Damit einher geht oft auch ein Rückbau der notwendigen Infrastruktur, auch der für den Verkehr. In Freiberg hat man auf das Gegenteil gesetzt. Im Nordosten der Altstadt wurde auf der Grundlage des bestehenden Wegenetzes ein neuer Straßenzug mit einer Folge von Stadtplätzen in das Altstadtgefüge eingebracht. Der Bund und das Land Sachsen förderten das Vorhaben. 2003 gewannen die Landschaftsarchitekten Terraform und das Architekturbüro von Ey mit ihrem Entwurf den ersten Preis in einem Realisierungswettbewerb und wurden von der Stadt Freiberg mit dem Umbau des Straßenzuges beauftragt. Er beginnt oder endet jeweils an der Ringstraße um die Altstadt und hat dort einen Auftakt als Platzerweiterung. Besonders deutlich ist das im Osten nachzuvollziehen, wo ihn am Helmertplatz gleich zwei dreieckige Platzhälften in die Mitte nehmen, hier befinden sich schon jetzt ein paar Geschäfte. Die Straßenkreuzungen und Einmündungen sind im weiteren Verlauf zu Plätzen mit Grünanlagen und Sitzgelegenheiten erweitert worden. Die To

03__Platzgestaltung im Verlauf der Straßenzüge Talstraße und Wasserturmstraße.

04_Stadtterrassen an der Einmündung der Bergstraße.

pographie erlaubt eine Terrassierung der Flächen, sodass auch kleinere Treppenanlagen und in der Höhe gestaffelte Sitzbänke in die Gestaltung einbezogen werden konnten. Der Jakobi-Platz in der Nähe des Theaters wird mit seiner rechteckigen Grundform zu einem Stadtplatz mit Bäumen und Bänken. Das einzige Café ist bedauerlicherweise eine Eisdiele, die im Winter ihren Betrieb einstellt. Im Norden bildet ein großer, wiederum in zwei dreieckige Flächen aufgeteilter Platz vor einem Schulgebäude, an dessen Schulhof die Straße entlang verläuft, den Abschluss oder den Auftakt. Hier ist das Entree allerdings weniger deutlich zu erkennen als am Helmertplatz. Eine einheitliche Bestückung der Plätze mit Bänken, Bäu

05__Erweiterung des Straßenraums vor dem Schulgebäude.

06__Einmündung in den Altstadtring im Norden.

07__Beleuchtung der Stadtterrassen.

abendliche Beleuchtung der Terrassenmau-
ern, die neuen Kandelaber, vor allem aber der
durchgängige Bodenbelag und seine Musterung
beschreiben das Kontinuum dieser Stadträume in
einem Stadtgrundriss, der noch auf das Mittelalter
zurückgeht. Die Gebäude selbst sind nicht so alt.
Den Fußgänger führt es, wenn er diese Raumfol-
ge nachvollziehen möchte, vorbei an Wohnhäu-
sern, einige haben in den Erdgeschossen Geschäfte, an größeren leer stehenden und zum Teil
verfallenden Gebäuden bis hin zur Schule.

Als Hintergrund dieser Stadtraumaufwertung lässt
sich unschwer die Sanierung dieses Quartiers
ausmachen, der sie auch in diesem Fall zuspielen
soll. Dennoch sind mit dieser Maßnahme gleich
mehrere Aspekte des Verkehrs in der Stadt, insbesondere in der Altstadt, aufgeworfen. Zunächst
ist dies kein sehr besonderer Stadtbereich, keine
Einkaufsstraße, kein Bahnhofsumfeld, kein Ein-
gangsbereich in den inneren Stadtbezirk. Diesen
streift der Straßenzug nur. Es ist vielmehr eine
alltägliche Situation. Einwohner haben hier ihre

08__Die Bänke gehören zur Straßengestaltung.

Parkplätze. Mit Hilfe von Schildern und Plaketten sind sie ihnen auch persönlich garantiert. Fußgänger, Fahrrad und Autoverkehr können sich ohne besondere Zwänge nebeneinander bewegen. Allein die Bordsteine gliedern die Straßenbereiche auf herkömmliche Art. Es gibt keine besondere Verkehrsberuhigung. Die Höchstgeschwindigkeit von 30 Kilometer pro Stunde für den Autoverkehr bestimmen Verkehrsschilder wie auch die neue Einbahnstraßenregelung, die den Autoverkehr erheblich beruhigt hat. Wenn die Anwohner und ihre Gäste dann die Freiraumangebote nutzen oder zumindest die Bänke bevölkern, wenn nicht die Rasenflächen bespielen, dann wird sich auch der Verkehr weitergehend regulieren.

Hier hat man die Planung der Straße und damit auch des Verkehrs sehr konsequent von der Gestaltung des Stadtraumes ausgehend gedacht, was auch an den abrupten Übergängen zur anschließenden Pflasterung erkennbar ist. Wären diese selbst ein wenig unauffälliger, könnten auch sie erheblich mehr Alltäglichkeit erreichen. Aber ein Anfang ist gemacht und eine Fortsetzung des Vorhabens erscheint als geboten.

Projektort_Wasserturmstraße/Talstraße, Freiberg

Planung und Realisierung_2003 – 2007

Planungsverfahren_Realisierungswettbewerb 2003,
1. Preis umgesetzt

Bauherr_Stadt Freiberg

Nutzer/Betreiber_Stadt Freiberg

Landschaftsarchitektur_von Ey Architektur, Berlin/terraform Landschaftsarchitekten, Berlin/Aqua Saxonia, Freiberg (Bauleitung)

Verkehrsplanung_Ingenieurbüro Witte, Hohenhameln

Grundfläche_16.000 m²

Baukosten_ca. 3,2 Millionen €

Finanzierung und Förderprogramme_gefördert im Rahmen des städtebaulichen Denkmalschutzes durch die Stadt Freiberg, das Land Sachsen und den Bund

01__Die Brücke überspannt die Heilbronner Straße wie ein Stadttor.

Ein Fels in der Brandung des alltäglichen Verkehrs
Autobrücke in Stuttgart

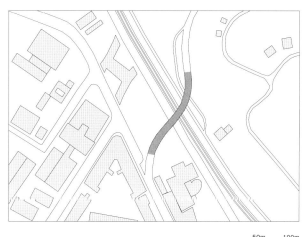

02__Lageplan.

50m   100m

03__Die Heilbronner Straße ist eine der Einfallstraßen nach Stuttgart.

Der Pragsattel in Stuttgart ist kein wirklich wohnlicher Ort. Über die Heilbronner Straße fällt der Verkehr auf drei Spuren in die Stadt herein und drängt ebenso massiv hinaus. In der Mitte der Fahrbahnen haben die Stadtbahnen einen eigenen Bahnkörper, der bald in Richtung Stadt unter der Erde verschwindet. Radfahrer und Fußgänger drängen sich auf schmalen Streifen am Rand der Fahrbahnen. Das ist eine für deutsche Großstädte durchaus typische Stadteinfahrt. Discounter, Gewerbebetriebe und Bürohäuser bestimmen hier in diesem Teil Stuttgarts das Bild wie Autohändler und Tankstellen. Ein Weinberg bildet dazu einen interessanten Kontrast. Die Verkehrstrasse ist unüberwindbar. Fußgänger, Radfahrer, aber auch Autofahrer brauchen schon eine Brücke, wenn sie aus dem Gewerbegebiet in Feuerbach im Nordwesten hinüber in das Wohngebiet nach Bad Cannstatt im Nordosten gelangen wollen.

Gleichzeitig ist dieser Ort so etwas wie ein Tor in die innere Stadt. Diese Besonderheit lässt dann wohl doch zögern, sich bei einem Bauwerk dieser Art der ortsüblichen gestalterischen Gleichgültigkeit hinzugeben und eine Brücke zu bauen, die eben nur ihren vordergründigen Zweck erfüllt, deren Erscheinungsbild aber unwichtig ist. Das Büro Schlaich Bergermann und Partner hat an der Heilbronner und an der Pragstraße, also in direkter Nähe, zwei Fußgängerbrücken entworfen und konstruiert, die mit der Autostraßenbrücke im Verlauf der Auerbachstraße eine Familie bilden. Allein diese Tatsache deutet daraufhin, dass auch auf der Bauherrenseite darauf Wert gelegt wird, der Besonderheit des Bauwerkes auch in seiner Form zu entsprechen.

Das ist den Ingenieuren anschaulich gelungen: Die Brücke spannt in einem eleganten Bogen wie ein Tor über Fahrbahn und Schienenstrang. Aber damit ist ihre Erscheinung noch nicht ausreichend erklärt. Die in einer leichten S-Kurve verlaufende Fahrbahn und die exakt parallel zur Heilbronner Straße aufgestellten Brückenpfeiler stehen in einem scheinbaren Widerspruch, den die Konstrukteure anschaulich aufgelöst haben: Der Bogen steht nicht einfach gerade unter dem gekrümmten Oberbau mit der Fahrbahn. Auf der Innenseite dieser Krümmung sind die Pfeiler angeschrägt auf der Außenseite stehen sie gerade. Die Konstruktion der Brücke ist darüber hinaus so aufgebaut, dass alle Lasten als Druckkräfte

04__Tankstelle und Brücke stehen in direkter Konfrontation.

05__Konstruktion ist Skulptur und Skulptur ist Konstruktion.

06__Die Brücke zeigt vom Weinberg aus gesehen einen eleganten S-Schwung.

abgeführt werden können und keine Biegemomente entstehen. Damit konnte der Materialaufwand auf das Wesentliche reduziert werden, aber der Arbeitsaufwand, die Brücke herzustellen, wuchs erheblich und forderte die Bauausführenden vor allem beim Bau der Betonschalung aufs Äußerste. Es gibt keine Fugen und Lager an der Brücke, was allenthalben gerne und zu Recht als Besonderheit herausgestellt wird. Das Bauwerk wirkt wie aus einem Guss, wie eine Skulptur im Einklang von Form, Konstruktion und Zweck. Die Eleganz dieser Erscheinung sehen die Ingenieure als eine Referenz an den großen Schweizer Brückenbauer Robert Maillart, der die Schwandbachbrücke 1933 im Kanton Bern auf eine ähnliche Art konstruiert hat.

Das ist hohe Ingenieurbaukunst, die nicht nur visuelle Wirkung hat. Sie bestimmt das Raumgefühl. Beim Befahren der Brücke fallen die beiden leichten Verschwenkungen als ein kleiner Perspektivwechsel auf, der sich im Verlauf der Auerbachstraße ergibt. Zu Fuß oder mit dem Fahrrad wird er verstärkt wahrgenommen. Mit dem Bauwerk wurde der Ort auf besondere Art inszeniert. Stuttgart kann mit den Arbeiten so mancher Ingenieure wie Emil Mörsch, Fritz Leonhard, Wolfhart und Hans-Peter Andrä sowie Werner Sobek oder eben Rudolf Bergermann sowie Jörg und Mike Schlaich aufwarten. Daraus ist so etwas wie eine Stuttgarter Schule der Ingenieurbaukunst erwachsen, die sich durchaus zur Identifikation mit der Stadt Stuttgart zu eignen scheint und so auch Bauwerke wie die Brücken am Pragsattel als Stadttore würdig genug erscheinen. Doch die bauliche Realität bleibt am Ende dann doch sehr profan: Einer der Brückenpfeiler musste durch das Dach einer Tankstelle hindurch gebaut werden. Eine Lösung, die beide Bauten gut nebeneinander stehen gelassen hätte, war offenbar nicht zu finden. Der Ort dürstet förmlich nach Baukultur in der Planung von Verkehrsinfrastruktur, damit Orte wie dieser vor ihrer Entstehung auf ganzheitliche Weise gedacht werden können. Dem Glanz der Brücke tut das vorgefundene gestalterische Chaos keinen Abbruch. Sie steht nicht nur sinnbildlich wie ein Fels in der Brandung des Autoverkehrs, wenn man die steinernen Qualitäten des Stahlbetons bereit ist zu akzeptieren. Es zeigt sich aber wie die Gleichgültigkeit des Bauens weiter wuchert, während gleichzeitig auf baukulturelle Höhepunkte hin gearbeitet wird.

07__Die Brücke ist aus Stahlbeton ohne Fugen und Lager wie aus einem Guss gebaut.

08__Die Nacht lässt den Schwung der Brücke noch eleganter erscheinen.

Projektort_Auerbachstraße über Heilbronner Straße, Stuttgart
Planung und Realisierung_2002 – 2003
Planungsverfahren_Direktauftrag
Bauherr_Landeshauptstadt Stuttgart, Tiefbauamt
Nutzer/Betreiber_Landeshauptstadt Stuttgart
Projektsteuerung_Landeshauptstadt Stuttgart, Tiefbauamt
Architektur_Schlaich Bergermann und Partner, Stuttgart
Tragwerksplanung Schlaich Bergermann und Partner, Stuttgart
Verkehrsplanung_Büro Vössing, Stuttgart
Grundfläche_Gesamtlänge: 130 m, Gesamtbreite: 12 m
Baukosten 5,5 Millionen €
Finanzierung und Förderprogramme_Landeshauptstadt Stuttgart, Land Baden-Württemberg

01__Das beleuchtete Dach spielt in der Gestaltung der Haltestelle eine wichtige Rolle.

Ein klares Bekenntnis

U-Bahnhaltestelle Heddernheim,
Frankfurt am Main

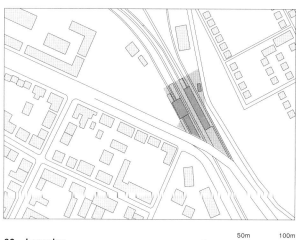

02__Lageplan.

50m   100m

03__Das heterogene städtebauliche Umfeld der Station braucht eine klare formale Antwort.

Oberirdisch fährt die U-Bahn in Frankfurt am Main auch dann auf einem eigenen Gleiskörper, wenn sie in der Mitte einer Straße fährt. Er ist zu hoch um sie als eine Straßenbahn anzusehen, aber zu niedrig, um sie als eine Hochbahn zu bezeichnen. Die Linien U1, U2 und U3 fahren so eine lange Strecke auf der Eschenheimer Landstraße, bis sie unter der Maybachbrücke verschwinden, auf der die Autofahrbahn dann in einer engen Kurve abschwenkt. Die Bahnlinien teilen sich nach dieser Haltestelle, was sie auch zu einem Umsteigepunkt zu zwei Buslinien macht, die hier starten oder enden. Die Haltestelle kann so ebenerdig erreicht werden. Es muss dafür, von der Bushaltestelle abgesehen, dennoch immer eine Straße über- oder unterquert werden.

Die bauliche und auch die städtebauliche Situation der Station ist kompliziert. Man hat fast den Eindruck, die Planer hätten beim Bau der U-Bahn hier einige Restflächen zusammengetragen, um diesen Haltepunkt einzurichten. Dazu kommt, dass das Umfeld sehr vielfältig strukturiert ist. Eine dreigeschossige Blockbebauung mit einer Hauptverkehrsstraße auf der einen Seite, Kleingärten und Sportplätze auf der andern. Vorne

begrenzt ein Brückenpfeiler der Hochstraße die Station, die sie außerdem noch großflächig überdeckt. Hinten bildet ein Rangiergleisfeld der U-Bahn den Abschluss. Die Wendeschleife der beiden Buslinien hat man irgendwie dazwischenschieben können. Die Haltestelle und ihr Umfeld waren sehr vernachlässigt: Eine öffentliche Restfläche, der kaum jemand Beachtung schenkt, gleichgültig zur Kenntnis genommen und für die Abfälle und die eilige Notdurft des Tages gerade gut genug. Was hier offenbar fehlte, war eine klare Haltung, eine klare Aussage, vielleicht ein klares Bekenntnis, auf jeden Fall etwas, dem von

04_Ohne die Lichtgestaltung hätte die Station keine Fernwirkung. Im Vordergrund der Übergang zum Busverkehr.

05__Die Autobrücke ist Teil der Überdachung für die Haltestelle.

06__Begegnung des individuellen Auto- und des öffentlichen Personenverkehrs.

den täglichen Nutzern mehr Wertschätzung entgegen gebracht werden kann, als dem vorherigen Zustand.

Diese Aufgabe war nicht einfach zu lösen. Auslöser für den Umbau der Station war die Einrichtung barrierefreier Zugänge zu den Bahnsteigen aller drei Linien und zu den Fahrzeugen. Dies nahmen die Verkehrsbetriebe zum Anlass, auch der Station Heddernheim eine neue Gestalt zu geben, leider wieder nur als isolierte Maßnahme im zusammenhängenden öffentlichen Raum.

Das Büro Schoyerer Architekten aus Mainz hat dafür auf kubische Formen gesetzt: Die beiden Bahnsteige bekamen zwei voluminöse Dächer. Sie sind als offene Stahlkonstruktion konzipiert, die mit Platten aus Aluminium-Streckmetall verkleidet sind. Dahinter sind Leuchten montiert, die an den Seiten für beide Bahnsteige Licht in unterschiedlichen Farbkombinationen ausstrahlen: Rot und Gelb für den stadtauswärtigen Bahnsteig, Blau und Grün für den anderen. In die Unterseiten sind jeweils weiße Leuchten integriert worden. Da der stadteinwärtige Bahnsteig teilweise von der Hochstraße überdeckt wird und deshalb nur ein verkürztes Dach hat, wurde hier der Kiosk als vermittelndes Element eingesetzt. Geometrisch sind alle diese Elemente Quader, ob sie nun auf dem Boden oder auf Stützen stehen. Sie lassen sich auf kubische Grundformen zurückführen, die versuchen, es als Einheit mit dem heterogenen Umfeld aufzunehmen. Dieses formale Prinzip ist für die Bänke und die Wandelemente angewandt worden, die partiell Räume auf dem Bahnsteig einteilen oder Fahrgastströme lenken sollen. Die Architekten fühlten sich offensichtlich durch die Formen und die Farben der Kunstwerke von Donald Judd inspiriert.

Geometrisch und letztlich auch architektonisch bilden die Dächer der Kioske und auch die kleineren Elemente eine klare Aussage. Dazu trägt auch die farbige Beleuchtung in den Dächern bei, die der Haltestelle eine zusätzlich starke Präsenz in der Umgebung verleiht. Diese Präsenz besteht auch dann, wenn das Spiel mit den bunten Lichtern, das die anfahrenden Züge in den nächstgelegenen Stationen auslösen sollen, einmal nicht funktioniert. Was bei einer sensiblen Technik durchaus passieren kann. Es entsteht durch das Licht und seine Farbe auf den Bahn-

07__Der Kiosk ist auch ein Treffpunkt für das Quartier.

steigen eine ganz eigene Raumatmosphäre, die den Ort selbst bestimmt. Für die nähere Umgebung und natürlich auch für die Fahrgäste ist auch der Betrieb des Kioskes wesentlich. Beides signalisiert zumindest ein klares Bekenntnis der Architekten und ihrer Auftraggeber für den Ort, auch wenn der Aufenthalt auf den Sitzmöbeln nicht sehr bequem ist. Die barrierefreie Erreichbarkeit der Bahnsteige ist durch die ebenerdige Anlage der Station keine große Schwierigkeit, wenn man zu so ungewöhnlichen Einrichtungen wie einer Ampelanlage, die das Überschreiten der Gleise an einer U-Bahnstation regelt, zu greifen bereit ist.

Ob die Fahrgäste die von Bauherren und Architekten gemachten Angebote zu würdigen wissen, ihre Haltung erkennen, ihre mit dem Bauwerk gemachten Aussagen und Ihre Bekenntnisse verstehen, bleibt abzuwarten. Die großen zu Notiz, Revierbezeichnung und Spontankunstwerk einladenden Betonflächen sind vorsichtshalber mit einem Anti-Graffiti-Schutzfilm überzogen worden. Baukultur hat es an einem solchen Ort schwer, wenn nicht zum „großen Wurf" angesetzt wird, den sich die Verantwortlichen in unserer Zeit viel zu selten trauen oder leisten.

Projektort_U-Bahn-Station Heddernheim, Frankfurt am Main

Planung und Realisierung_2002 – 2005

Planungsverfahren_Direktvergabe

Bauherr_VGF Stadtwerke Verkehrsgesellschaft Frankfurt am Main Gmbh

Nutzer/Betreiber_VGF Stadtwerke Verkehrsgesellschaft Frankfurt am Main Gmbh

Architektur_schoyerer architekten BDA, Mainz

Tragwerksplanung_Bollinger + Grohmann Ingenieure, Frankfurt am Main

Landschaftsarchitektur_schoyerer architekten BDA, Mainz / VGF Stadtwerke Verkehrsgesellschaft Frankfurt am Main Gmbh

Verkehrsplanung_VGF Stadtwerke Verkehrsgesellschaft Frankfurt am Main Gmbh

Lichtplanung_schoyerer architekten BDA, Mainz / light:tools, Frankfurt am Main / Elektroplanung: Ingenieurbüro Hörbert, Darmstadt

Grundfläche_1.654 qm

Baukosten_1,6 Millionen €

Finanzierung und Förderprogramme_Bund und Land Hessen

01__Die Aufstockung der Salvatorgarage bietet mehr als nur Parkraum. Sie ist ein besonderer Ort in der Stadt.

Das freie Spiel der computer-generierten Kräfte

Salvatorgarage, München

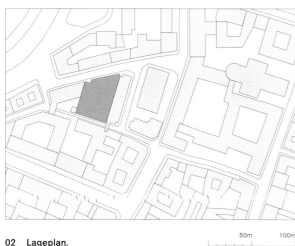

02__Lageplan.

50m   100m

Man mag es angesichts des überbordenden Autoverkehrs in den deutschen Städten für verfehlt halten, in ihrem Zentrum weiter Parkplatzflächen anzubieten. Doch Parkhäuser bieten gleich mehrere Vorteile: Parkende Autos verschwinden aus dem Straßenbild, freie Parkplätze können registriert, in einem Leitsystem angeboten und der Verkehr entsprechend gelenkt werden. Mit ihrer Aufstockung bietet die Salvatorgarage dafür eine besondere Möglichkeit. Fünf Parkebenen, zweieinhalb Geschosse, sind ergänzt worden, auf denen mit einem weitreichenden Blick über den Dächern Münchens geparkt werden kann. Die Salvatorkirche, die Theatinerkirche und die Frauenkirche scheinen in greifbarer Nähe zu sein. Im Gewühl der Menschenmassen auf dem Erdboden und im fahrenden Auto wirken sie dagegen weit entfernt wie auch die neuen Geschosse der Garage, die durch ihre besondere Fassade und ihre Lichtreflexionen auffallen. Hier ist ein Ort entstanden, der offenbar mehr bietet als Parkraum.

Auch als Gebäude selbst ist die Salvatorgarage eine Besonderheit, die der Architekt Peter Haimerl bei seinem Weiterbauen zu berücksichtigen

03__An diesem zentralen Ort in der Münchener Innenstadt treffen drei Zeitepochen auch baulich aufeinander.

04__Nachts kommt die Struktur der Fassade besonders zur Geltung.

wusste. Franz Hart, der Architekt des ursprünglichen Baus sah sich offenbar durch die Nähe des Gebäudes zu den backsteinernen Resten der alten Stadtmauer zu der Verwendung von Klinkermauerwerk als Fassadenmaterial veranlasst, das in München im Vergleich zum Norden Deutschlands nur relativ selten zum Einsatz kommt. Die Salvatorkirche vis-à-vis oder die etwas entfernter liegenden Türme der Frauenkirche sind vielsagende gotische Ausnahmen. Allemal betont die Verwendung von Backstein- oder Klinkermauerwerk eher das Pragmatische und technisch Konstruktive eines Bauwerkes. Mit diesem Eindruck hatte sich Harts Lehrer und späterer Kollege an der TU München, Hans Döllgast, beim Wiederaufbau der kriegszerstörten Alten Pinakothek nicht nur Freunde gemacht. Als Hochschullehrer bewies Franz Hart außer seinem Sinn für den Geist des Ortes an diesem Bauwerk gleichzeitig seine Virtuosität in seinem Fach der Hochbaukonstruktion. Die wesentliche Konstruktionsstruktur des Gebäudes ist sein Stahlbetonskelett. Die Fassade selbst ist ebenfalls nach strengen Prinzipien ausgeführt worden. Aber bei aller Funktionalität und allem Pragmatismus, den das Bauwerk vermittelt, und dem Versuch, eine örtliche Verbindung zur gebauten Umgebung herzustellen, ist es Franz Hart doch gelungen, dieser Architektur eine spielerische Komponente zu geben, die heute noch ihren besonderen Reiz ausmacht. Das Gebäude steht sehr zu Recht unter Denkmalschutz.

Das alles zusammengenommen war für Peter Haimerl eine große Herausforderung, mit deren Annahme er sich schon im Gutachterverfahren 2004 durchgesetzt hatte. Es galt dem Bauwerk zu entsprechen und erneut eine bauliche und atmosphärische Reaktion auf den Ort zu finden. Es sollte gleichzeitig eine besondere Note gesetzt werden, schließlich galt es, Dauermieter für die Parkplätze zu werben.

Die Lösung ist verblüffend einfach und komplex zugleich. Analog zu der von Franz Hart wählte Haimerl eine einfache Grundkonstruktion, diesmal aus Stahl. Die daran befestigte Fassade besteht aus 3 Zentimeter dicken, durchlöcherten und dann verzinkten sowie mit Polyurethan besprühten Stahlplatten. Das Wesentliche dieser Architektur ist die Löcherung der Stahlplatten. Sie wurde nach einem Computerprogramm durchgeführt, für das der Architekt nur wenige Parameter festlegte und alles weitere dem freien Spiel der

05__Die Fassadenelemente auf der Salvatorgarage.

06__Im Straßenraum wird das Gebäude kaum als technisches Bauwerk wahrgenommen.

07__Die barocke Theatinerkirche steht in direktem Bezug zu den spielerisch gestalteten Fassadenelementen

computergenerierten Kräfte überließ. Festgelegt wurde die Breite der Stahlstreifen, deren Länge von 1,5 Meter und der Winkel, in dem die Streifen zueinander stehen. Beeinflusst wurde auch die Dichte der Struktur. An den Befestigungspunkten und dort, wo ein wirksamer Blickschutz gewährleistet sein sollte, wurde eine höhere Dichte programmiert als an den oberen Rändern. Hier sollte die Struktur leichter wirken als unten. Die Breite der Streifen beträgt 5 Zentimeter, wie die Höhe der Backsteine im Hart'schen Bauwerk, und wenn man genau hinsieht, kann man den Eindruck einer ähnlichen Diagonalstruktur erkennen, wie sie im Mauerwerk des Parkhauses zu finden ist.

Abgesehen von diesen bewussten Referenzen besteht die Annäherung an den Altbau vor allem in der Übernahme des pragmatischen Geistes, der hinter dem Entwurf von Franz Hart steht, und der Perfektion der Ausführung. Das spielerische Element der Hart'schen Architektur hat Haimerl allerdings zu einer Hochform getrieben. Sie findet ihre Entsprechung jetzt eher im Barock der Theatinerkirche als in der Gotik der benachbarten Kirchen. Diese Entsprechung spürt man, wenn man sich auf den oberen Ebenen der Salvatorga-

rage aufhält. Dort ist mehr entstanden als reiner Parkraum. Er ist mit seinem besonderen Licht zu einem Aufenthaltsort geworden, dem eine gewisse Romantik nicht abzusprechen ist. Es ist deshalb wohl auch kein Zufall, dass ihn Lifestyle-Magazine international publizieren und er gerne auch für Werbeaufnahmen der Automobilindustrie genutzt wird.

Projektort_Salvatorplatz 1, München

Planung und Realisierung_2004 – 2006

Planungsverfahren_Realisierungswettbewerb 2004, 1. Preis umgesetzt

Bauherr_Salvatorgrundstücksgesellschaft, München

Nutzer/Betreiber_Bavaria Parkgargen GmbH

Architektur_Peter Haimerl Architektur, München

Tragwerksplanung_FSIT, München

Lichtplanung_Fischer & Frey, Olching

Grundfläche_2.350 qm

Baukosten_8 Millionen €

Finanzierung und Förderprogramme_frei finanziert

01__Der ZOB in der Dämmerung von der Hackerbrücke aus gesehen.

Großstadtterminal
Zentraler Omnibusbahnhof
(ZOB) München

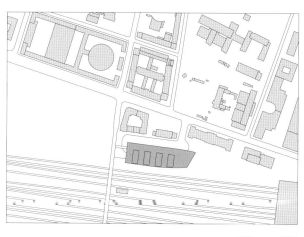

02__Lageplan.

100m   200m

Der neue ZOB in München macht seinem Namen wirklich alle Ehre. Er liegt mitten in der Stadt und in der Nähe zum Hauptbahnhof, einem der wichtigsten Knotenpunkte für den öffentlichen Verkehr der Stadt. Seine Bahnsteige liegen in sichtbarer Entfernung und man hat den Eindruck, sie mit einem Sprung erreichen zu können. Doch der Eindruck täuscht. Zwischen dem ZOB und dem Hauptbahnhof liegen Grundstücke, für die bislang kein Wegerecht erreicht werden konnte, sodass sie nahe der Bahngleise nicht überquert werden können. Mit der S-Bahn muss man von der Station Hackerbrücke eine Haltestelle überwinden, um dorthin zu gelangen. Auch die Fußwege zum ZOB sind kompliziert und es bleibt oft nur die Option, sich durchzufragen.

03__Die Abfahrtsebene der Busse.

Das Gebäude, in dem, genauer: unter dem der ZOB untergebracht ist, hat eine mehrfache Nutzung. Von der Arnulfstraße fällt das Terrain so stark ab, dass sich die Ebene direkt über den Bushalteplätzen auf dem gleichen Niveau befindet wie die umliegenden Straßen und die Fahrbahn der Hackerbrücke. Auf diesem Geschoss ist ein kleines Einkaufszentrum untergebracht. Reisende können hier ihren Proviant oder Zeitungen einkaufen, sich noch schnell die Nägel lackieren lassen, zum Friseur gehen oder ein Restaurant mit Blick auf die Bahngleise und den Hauptbahnhof besuchen. Den gleichen Blick kann man auch aus dem Warteraum für Reisende genießen, ohne die sonst übliche sanfte Aufforderung zum Konsum. Aber dieser Raum ist im Geschoß über der Einkaufszone nur relativ schwer auffindbar. Ein eher unauffälliges Treppenhaus führt dorthin. Er liegt direkt neben dem Reisezentrum, in dem Busreiseveranstalter ihre Büros und Verkaufsstellen unterhalten. Auf dieser Geschossebene sind noch weitere Büros untergebracht, denn über der Einkaufsebene erhebt sich ein dreigeschossiger, kammartiger Komplex mit Büros, die insgesamt um vier Höfe gruppiert sind. Eine Diskothek im Keller rundet die Nutzungsmischung ab. Architektonisch stellt ein dies alles umspannendes „Gewebe" aus horizontalen Rundstäben die Einheit des Bauwerkes her und gibt ihm eine sehr signifikante Form. Sie gibt nicht nur den Reisenden eine gewisse Orientierung. Der ZOB ist zwar eine Verkehrsanlage, er ist aber auch ein Handels- und Dienstleistungszentrum, das in den umliegenden Bürogebäuden, die in den letzten Jahren auf ehemaligen Gleisanlagen des

04__Der ZOB hat eine vielfältige Nutzung.

Hauptbahnhofes entstanden sind und noch entstehen, nach Kundschaft sucht und seine Büroflächen Mietern anbietet, die zwar an innerstädtischen Lagen interessiert sind, aber nicht unbedingt an der Erschließung durch einen Busterminal.

Diese heterogenen Angebote ziehen unterschiedliche Nutzergruppen an, die wohl nur wenig Überschneidungen haben. Die Büroangestellten sind eine Gruppe. Sie kommen aber kaum mit dem Bus an oder fahren mit ihm nach Hause. Die im Untergeschoss angebotenen Fahrtziele sind meist weit entfernte Städte in Osteuropa. Die Reisenden sind wohl eine andere Gruppe. Im Fall Besucher der Diskothek reisen in der Regel nicht

05__Eines der Restaurants.

06__Blick über das Gleisvorfeld des Hauptbahnhofs auf den ZOB.

mit Reisebussen an oder arbeiten tagsüber in den Büros, die sich im Gebäude befinden. Die Cafés, Restaurants und Geschäfte werden vor allem am Tage aus der Nachbarschaft bevölkert. So bildet sich in der Benutzung dieses privat betriebenen und dennoch öffentlichen Gebäudes eine Gesellschaft ab, die in etwa der der Großstadt München entsprechen dürfte, ebenso vielschichtig, aber auch so anonym. Interessanterweise wickelt das Bayerische Rote Kreuz den Betrieb des Busbahnhofes ab, allerdings nicht aus karitativen, sondern aus monetären Motiven.

Von der Verkaufsebene, über die übrigens auch die S-Bahn angebunden ist, geht man zu den Abfahrtstellen der Busse über Treppen von einer außen liegenden Galerie hinab. Hier begibt man sich dann in eine architektonische Welt, die sich deutlich von der unterscheidet, die in den oberen Etagen vorherrscht. Hier unten wirkt alles etwas unwirtlicher als oben. Die Oberflächen der Wände und des Bodens wirken rau. Beton, Asphalt und Metall sind die vorwiegenden Materialien. Digitale Anzeigen versichern Ziele und Fahrtzeiten mit leuchtkräftiger Präsenz und in scheinbar technischer Perfektion. Weg- und andere Hinweise sind mit Schablonen direkt auf den Boden gesprüht worden. Man mag hier nicht allzu lange bleiben. Vor allem dann nicht, wenn der Wind stark weht. Hier will man Abreisen oder Ankommen und schnell weiterreisen. Aber das lässt sich gut machen. Die sogenannten Parktaschen für die Busse lassen die Fahrgäste sicher und bequem ein- oder aussteigen und ihr Gepäck verstauen. Verweilen soll man, so haben es Bauherren und Architekten vorgesehen, auf den oberen Ebenen, möglichst in den Läden und Gaststätten. Die etwas kühle Atmosphäre dieses Raums ist also keine Nachlässigkeit, wie man sie im gestalterischen Umgang mit anderen Räumen des Verkehrs durchaus vorfindet. Aber sie vermittelt auch keine Romantik des Reisens und des Fernwehs.

Besser erreichbar sollte der ZOB vor allem mit seiner großen architektonischen Geste für die Reisewilligen aber schon sein. Dann würde das gesamte Bauwerk dem großen Engagement aller beteiligten Akteure besser entsprechen.

07__S-Bahnstation an der Hackerbrücke mit Anbindung an den ZOB.

08__Einer der Innenhöfe auf der Büroebene.

09__Erschließung der Busabfahrtsebene erfolgt über eine Außengalerie an der Bahnseite.

Projektort_Arnulfstraße 21 / Hackerbrücke 4, München

Planung und Realisierung_2005 – 2009

Planungsverfahren_Realisierungswettbewerb 2002, 1. Preis umgesetzt

Bauherr_HOCHTIEF Projektentwicklung GmbH, München

Betreiber_HOCHTIEF Property Management GmbH, München / Busbahnhof: Bayerisches Rotes Kreuz, München

Projektsteuerung_Kappes Partner, Berlin

Architektur_Auer + Weber + Assoziierte, München

Objektüberwachung_Auer + Weber + Assoziierte, München mit Wenzel+Wenzel Freie Architekten, Karlsruhe

Tragwerksplanung_Sailer Stepan Partner, München

Landschaftsarchitektur_Latz und Partner, Kranzberg / Ingenieurbüro Krombach, München

Verkehrsplanung_Lang + Burkhardt, München

Leit- und Orientierungssystem_sturmtiefdesign, München

Lichtplanung_Pfarré Lighting Design, München

Grundfläche_BGF 25.000 qm (oberirdisch)

01__Die neue Verteilerhalle.

Ein klassisches Tor zur Welt

Bahnhof Hameln

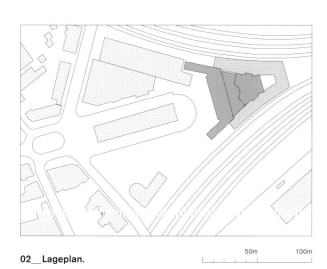

02__Lageplan.

Im Jahr 2001 haben die Stadtwerke Hameln den Fernbahnhof von der Deutschen Bahn gekauft, um dessen Verwahrlosung zu verhindern, heißt es. Man mag das als einen logischen Schritt sehen, schließlich gehören Bahnhof und Stadt zusammen. Auf jeden Fall überwog offensichtlich die Wertschätzung des Gebäudes durch die Stadt gegenüber der der Deutschen Bahn. Dies lässt sich schlicht mit dem Interesse der Stadt erklären, hier ein würdiges Entree zu haben, um ihre Gäste auf angemessene Art zu begrüßen oder zu verabschieden.

Das Gebäude hat für einen Bahnhof an der Gabelung zweier Bahnstrecken eine interessante Lage. Führt die eine Strecke von Hannover kommend nach Paderborn, fahren auf der anderen Züge bis nach Hildesheim. Daraus ergibt sich ein dreieckiger Grundriss für das Gebäude, das sich mit seiner breiten Front und den Seitenflügeln fast wie ein Palais zum Vorplatz stellt. Daraus ergibt sich auch im Gebäude eine interessante Raumstruktur, die in seiner von der Stadt etwas abseitigen Lage vielfältigen Nutzungen dienen kann.

Der Stadt Hameln ging es vorrangig um eine Revitalisierung des denkmalgeschützen Gebäudes, ein 1925 erreichter Zustand neoklassizistischer Architektur sollte wieder annähernd hergestellt, aber auch moderne zeitgenössische Ergänzungen geschaffen werden. Über einen europaweit ausgeschriebenen Wettbewerb qualifizierten sich Scheidt Kasprusch (SKA) als Architekten. In seiner Tiefe ist das Gebäude in drei Teile gegliedert, von denen man zwei auf dem Weg zu den Bahnsteigen durchschreitet: die Eingangs- und eine Verteilerhalle mit den Aufgängen zu den inneren und den Tunneleingängen zu den äußeren Bahnsteigen. Hinter der Verteilerhalle, ganz im spitzen Winkel des Dreiecks, schließt der älteste Teil des Gebäudes an, in dem sich der historische „Kaisersaal" befindet.

Abgesehen davon, dass die beiden Hallen durch die Öffnung der Bögen sehr an Offenheit, Weite und Helligkeit gewonnen haben, hat der Bahnhof mit seinem Umbau einen ganz neuen Charakter angenommen. Provinzieller Mief konnte sich in dem neu gewonnenen Raumkontinuum nicht mehr halten. Gewonnen hat der Raum durch

03__Die alte Bogenstruktur verbindet wieder die Hallen des Bahnhofs.

04__Die obere Ebene der Verteilerhalle.

den Einzug einer neuen Decke in der Verteilerhalle, die außerdem noch von einem mit Stahl und Glas konstruierten Dach überspannt wird. Sie steht in einem Kontrast zur rekonstruierten Kassettendecke in der Eingangshalle. Drei große kreisrunde Öffnungen, in denen die Treppen und der Aufzug zu den inneren Bahnsteigen geführt werden, bringen das Licht auch auf die untere Ebene.

Doch wozu nützen diese schönen Räume, welchem Verkehr dienen sie? Die Deutsche Bahn fährt die südlichen Gleise 1 bis 3 auf der Strecke

05_ Der Bahnhof von der Gleisgabelung aus gesehen.

06__ Einer der inneren Bahnsteige, der von der Eurobahn angefahren wird.

von Hannover nach Paderborn mit S-Bahnen an. Was hier städtisch klingt bezieht sich vorwiegend auf die Fahrzeuge, die in diesem Fall weit über Land fahren und Hameln nur an einer Haltestelle bedienen, nämlich diesem Bahnhof. Auf der anderen, nördlichen Bahnhofsseite verkehrt die sogenannte Eurobahn, eine Bahngesellschaft der französischen Keolis-Gruppe, auf regionalen Strecken bis Hildesheim. Dank dieses Engagements lohnte sich der Betrieb des Bahnhofs in diesem Umfang überhaupt, denn eine S-Bahnhaltestelle hätte kaum ein so großes Bahnhofsgebäude gebraucht. Der Stadt kam dieses Engagement sehr entgegen. Sie nimmt offenbar auch in Zeiten der Entstaatlichung von Mobilitätsfürsorge die Verantwortung dafür ernst.

Der neue, zum Teil wiedergewonnene Bau macht einen soliden Eindruck. Die Wahl des Materials und der Detaillösungen lassen darauf schließen, dass das lange so bleiben wird. Denn auch wenn man diesen Raum eigentlich nur passiert, dient er doch einem Aufenthalt, der durchaus Spuren hinterlassen kann. Die Vielzahl der Räume, die dieses Gebäude hat, lässt sich nicht nur dafür nutzen, das Reisen so bequem wie möglich zu machen. Es gibt eine Fahrradstation, in der die Räder trocken und sicher aufbewahrt werden. Es gibt eine Bäckerei mit Café, Kioske, eine Toilettenanlage, das übliche Reisezentrum

07__Der Bahnhofsvorplatz.

und hohe Aufenthaltsqualitäten in den Bahnhofs- hallen, die Warten erleichtern. Bis hin zum priva- ten Sicherheitsdienst und zum Geldautomaten der städtischen Sparkasse, der nur einigen Kun- den zusätzliches Geld abnimmt und nicht allen, wie die auf den Bahnhöfen der Deutschen Bahn üblichen Automaten der Reisebank, ist für hohen Reisekomfort gesorgt. Aber dies allein scheint die neu gewonnenen Räume nicht füllen zu können, sodass sie unter anderem durch eine Cocktailbar, eine Diskothek und ein Reisebüro ergänzt wur- den. Sie alle profitieren natürlich durch die gute Bahnanbindung, sind aber nicht wirklich auf sie angewiesen. Eine große kommerzielle Nutzung, wie sie in anderen Bahnhöfen üblich ist, scheint hier nicht möglich, aber auch nicht notwendig zu sein, denn die Stadt hat hier sehr in eine Ver- kehrsinfrastruktur investiert, die es ihren Bürgern erleichtert, stolz auf das Bauwerk und die sich damit bietenden Möglichkeiten zu sein. Das

baukulturell sehr komplexe Engagement müsste sich aber auch auf den benachbarten Busbahn- hof und das Parkhaus übertragen, um den guten Auftakt zum Stadtbesuch komplett zu machen.

Projektort_Bahnhof Hameln

Planung und Realisierung_2002 – 2006

Planungsverfahren_Realisierungswettbewerb 2002, 1. Preis umgesetzt

Bauherr_GWS Stadtwerke Hameln GmbH

Nutzer/Betreiber_Deutsche Bahn, GWS Stadtwerke Hameln GmbH

Projektsteuerung_GWS Stadtwerke Hameln GmbH

Architektur_Scheidt Kasprusch Gesellschaft von Architekten mbH, Berlin

Tragwerksplanung_Beye Ingenieurbüro, Hameln

Lichtplanung_mediumlicht, Büro für Lichtplanung, Dipl.-Ing. Reinhard Germer

Grundfläche_6.500 qm

Baukosten_6,8 Millionen €

Finanzierung und Förderprogramme_2,3 Millionen € Land Niedersachsen

01__Brücke, Verkehr und Freiraum.

Das Leben auf und unter der Brücke
Fußgänger- und Radfahrerbrücke im
Medienhafen Düsseldorf

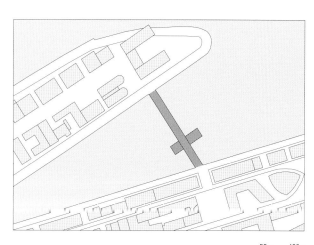

02__Lageplan.

50m   100m

Der Medienhafen ist in Düsseldorf und über die Stadtgrenzen hinaus zu einem besonderen Begriff der erfolgreichen Umstrukturierung brachliegender Industrie- und Handelsareale, der in der Immobilienwirtschaft sogenannten „Brownfields", geworden. In den 1990er Jahren waren weiten Bereichen des alten Handelshafens die Nutzer abhanden gekommen und es war nicht abzusehen, dass die alte Nutzung noch einmal in alle Gebäude zurückkehren würde. Die Lagerhallen, die Kräne und Kaianlagen drohten zu verfallen und irgendwann abgerissen zu werden. Es gehört zu den wesentlichen Errungenschaften der IBA-Emscherpark, gerade für solche Gebiete einen behutsamen Umnutzungsprozess angeregt zu haben und die verantwortlichen Planer und Investoren von radikalen Lösungen wie Abriss und Neubau im großen Stil Abstand nehmen zu lassen. Schon bald fanden die alten Gebäude im Handelshafen neue Mieter. Viele stehen unter Denkmalschutz. Mittlerweile haben sich vor allem Betriebe aus der Medienbranche hier angesiedelt und dem alten Handelshafen einen neuen Namen gegeben. Der WDR ist mit seinem Landesstudio nur einer davon. Weitere Branchen sind ihnen gefolgt. Zu der Attraktion des Gebietes tragen auch die vielen Neubauten prominenter Architekten aus dem In- und Ausland bei, die den Medienhafen selbst zu einer internationalen Bauausstellung werden lassen, die sich die Behutsamkeit der Stadterneuerung allerdings nicht auf die Fahnen schreiben könnte. Frank O. Gehrys Wohntürme sind zu einer Art Aushängeschild des Medienhafens geworden. William Alsop, David Chipperfield, Jo Coenen, Christoph Ingenhoven, Günter Zamp Kelp oder Gatermann + Schossig waren beteiligt, um nur einige zu nennen.

Der Medienhafen erfreut sich nicht nur in der Geschäftswelt großer Beliebtheit. Aber was geschieht hier in den öffentlichen Räumen? Der Hafen wird an Ausflugtagen zu einem beliebten Ziel. Gastronomie verschiedenster Art hat sich angesiedelt, sodass für Spaziergänger nicht nur Business-Menüs zu finden sind oder verschlossene Cafétüren. Einige Hotelketten sehen an diesem Ort eine Zukunft und es gibt ein Multiplex-Kino. Das Gebiet erfreut sich neuen Lebens und dies obwohl hier nicht sehr viele neue Wohnungen entstanden sind. Hafenbecken haben die Eigenart, im schlimmsten Fall von drei Seiten umfahren oder umgangen werden zu müssen,

um von einem Ort zum anderen zu kommen. Das ist für den Hafenbetrieb nicht nur akzeptabel, sondern unter Umständen auch hilfreich. Schiffe können ungehindert passieren und Boote stellen Querverbindungen her. Mit dem Rückgang der Hafennutzung fallen diese Verbindungen weg und es ist vor allem für Fußgänger beschwerlich, die lang gewordenen Wege zu gehen. Die neue Fußgänger- und Radfahrerbrücke ist in diesem Sinne hilfreich. Sie verkürzt den Weg durch das Hafengebiet. Den Autofahrern wird zugemutet

03__Brücke in Aufsicht.

04__In der Dämmerung: Brückenhaus mit Restaurant und Leuchtkörpern, die die Sitzgelegenheiten strukturieren.

05__Brückenhaus mit Gastro-Insel vor den Fassaden des Medienhafens.

06__Aussicht mit Brücken auf die innere Stadt Düsseldorfs.

den weiteren Weg um das Hafenbecken herum zu nehmen, was aber nicht wirklich eine Belastung ist.

Aber geht es hier wirklich darum, den Verkehr zu erleichtern? Und steht nicht vielleicht das Erlebnis, die Brücke zu überqueren oder ein wenig auf ihr stehenzubleiben im Vordergrund des Interesses? Das Ansinnen, einen lebendigen Ort zu schaffen, der auch dem Verkehr dient, wäre zu begrüßen. Zugeben mögen es die Beteiligten aber nicht sofort. In ihren Berichten heiligt der Zweck das Mittel. Dabei scheint ihre Rechnung aufgegangen zu sein.

Zwar machen ein oder zwei Häuser noch keine Rialto-Brücke und keinen Ponte Vecchio aus, aber eine „Living-Bridge" hatten Architekten und Ingenieure, JSK Architekten und die Firma Schüßler-Plan offenbar in hochproduktiver Ergänzung und inspiriert durch die erfolgreiche Ausstellung mit diesem Titel schon vor zu bauen. Eines der beiden geplanten Brückenhäuser mit einer kleinen vorgelagerten Insel wurde realisiert. Deides dient heute der hochpreisigen Gastronomie. Die Brü-

07__Der alte museale Hafen im Kontrast zur heutigen Architektur.

cke selbst hat neben dem eigentlichen Gehweg abgesenkte Bereiche, die zum Sitzen dienen und durch kleine Leuchtblöcke getrennt werden. Das Geländer ist gläsern, sodass der Blick wahlweise durch den Hafen und über seine neue Bebauung schweifen oder dem Stadtpanorama zugewendet werden kann. Diese Angebote werden angenommen und auch bei niedrigen Temperaturen bleiben die Leute auf der Brücke stehen, setzen sich für eine kurze oder längere Ruhepause. Die Gestaltung zeichnet sich dabei durch die Integration ihrer Bestandteile aus, sodass die allgegenwärtige Collage von Stadtmöbeln hier in angenehmer Weise nicht zum Tragen kommt. Für das Quartier ist die Brücke zu einer Art Stadtplatz geworden, der allerdings noch ergänzende, nicht unbedingt gastronomische Nutzungen durch Kioske, Läden, weitere Brückenhäuser und anderes vertragen könnte, um wirklich zu einer lebendigen Brücke zu werden.

Dennoch: Es ist ein Anfang gemacht worden, nicht den Verkehr, schon gar nicht den Autoverkehr beim Bau eines Infrastrukturprojektes in den Vordergrund zu stellen, sondern eine breit angelegte Vielfalt für einen öffentlich genutzten Raum zu avisieren, der Möglichkeiten eröffnet anstatt sie zu diktieren.

Projektort_Medienhafen Düsseldorf

Planung und Realisierung_2004 – 2005

Planungsverfahren_Realisierungswettbewerb (2000), 1. Preis umgesetzt

Bauherr_Landeshauptstadt Düsseldorf, Amt für Verkehrsmanagement, Abt. Brückenbau

Nutzer/Betreiber_Restaurant: Lido Gastronomie GmbH & Co KG

Projektsteuerung_Landeshauptstadt Düsseldorf, Amt für Verkehrsmanagement, Abt. Brückenbau

Architektur_JSK Dipl. Ing. Architekten, Dusseldorf

Tragwerksplanung_Schüßler-Plan Consult GmbH, Düsseldorf

Lichtplanung_JSK Dipl. Ing. Architekten, Düsseldorf

Grundfläche_Brücke: Gesamtlänge: 150 m, Gesamtbreite: 11,60 m / Brückenhaus: 850 qm BGF / Inselterrasse: 518 qm

Baukosten 6 Millionen €

Finanzierung und Förderprogramme_Landeshauptstadt Düsseldorf

01__Der Alte Messplatz hat eine vielfältige Nutzung.

Mehr Platz für die Stadt

Verkehrsknotenpunkt

Alter Messplatz, Mannheim

02__Lageplan.

100m   200m

03__Der Platz ist noch immer, aber nicht nur ein Verkehrsknoten.

Die Bäume sind noch klein auf dem neuen Alten Messplatz, aber sie haben schon jetzt eine große Aufgabe zu bewältigen. Sie sollen diesen wiedergewonnen quadratischen Platz räumlich definieren. Ihn von der mächtigen umgebenden Bebauung abgrenzen und ihm gleichzeitig eine neue Orientierung zum Ufer des Neckars geben, das nur durch eine Straße und eine Rasenfläche getrennt in direkter Nähe liegt. Eine alte Feuerwache mit ihrem hohen Schlauchturm und eine Reihe von Wohntürmen bestimmen das Bild auf der einen Platzseite, viergeschossige gründerzeitliche Bebauung die anderen beiden Seiten. Der Platz soll gleich mehreren Funktionen gerecht werden: Er soll dem Quartier als Treffpunkt dienen. Gleichzeitig ist er über eine Straßenachse im barocken Raumgefüge der Innenstadt, der sogenannten Kurpfalzachse, auf der gegenüberliegenden Neckarseite mit dem Schloss und dem Schlosspark räumlich verbunden. So bildet er in dem umliegenden Wohnquartier eine Art Brückenkopf innerstädtischer Nutzung, die sich in der Alten Feuerwache, heute einem Veranstaltungszentrum, schon etabliert hat.

Entlang der Kurpfalzachse, die in der Innenstadt als Fußgängerzone funktioniert, verlaufen

04__Tramhaltestelle an der Ostseite des Platzes.

05__Der Quartiersplatz mit noch jungen Bäumen.

06__Die neue Gestaltung schafft Aufenthaltsqualität.

07__Wasserspiele.

mehrere Trambahnlinien, deren gesonderter Gleiskörper und Haltestellen mit Hilfe gezielter architektonischer Maßnahmen des Architekten Jens Metz aus Berlin, den Landschaftsarchitektinnen Alice Brauns und Marion Talagrand aus Paris, die auch auf dem Messplatz tätig waren, in den Straßenraum integriert werden konnten. Über die Neckarbrücke fließt der Trambahn- mit dem Autoverkehr entlang der Kurpfalzachse auch auf den Messplatz, dessen Umbau gerade in diesem Zusammenhang erhebliche Bedeutung hat.

Wer heute auf dem Platz steht, kann nur schwerlich die Situation einschätzen, die vor dem Umbau bestand (wenn er sie nicht kennt). Vierspuriger Autoverkehr machte den Platz zu einer Insel, über die die Tramlinien diagonal geführt wurden. Eine Haltestelle mit Wendeschleife nahm deren Fläche fast gänzlich ein. Für einen städtischen Platz eine unbefriedigende Situation, die dem damaligen Primat der Verkehrsplanung geschuldet war. Einige gezielte Eingriffe in den Verlauf des Verkehrs konnten die Situation entschärfen und etwa 80 Prozent der ursprünglichen Platzfläche wieder anderen Funktionen als dem Verkehrsfluss zuführen. Der Autoverkehr, immerhin 25 000 Kraftfahrzeuge pro Tag, konzentriert sich heute an der östlichen Platzseite vor der Alten Feuerwache; an den anderen Platzseiten wurde er zweispurig im Einbahnverkehr geführt. Die Trambahnen halten ebenfalls an der östlichen Platzseite und fahren entweder östlich vom Platz herunter oder umfahren ihn im Norden.

Das Verkehrsaufkommen ist auch nach dem Umbau unverändert, es konnte nur besser organisiert und die Insellage des Platzes so weit entschärft werden, dass er für die Bewohner des Quartiers leichter zugänglich wird. Und der neue Alte Messplatz bietet ihnen etwas: einen Bereich mit Bänken unter Bäumen, der sich mit einigen Fahrradunterständen direkt an die Trambahnhaltestelle anschließt; das sogenannte Platzhaus im Norden mit einer südlich vorgelagerten gepflasterten Fläche und den Wasserspielen im Südwesten. Wünschenswert bleibt ein direkter Zugang zu den Ufern des Neckars, den der Wettbewerbsentwurf auch vorsah. Hier im Süden verläuft noch immer eine wenn auch kleine Straße, die aber auch überwunden sein will. Die auf ein minimales Maß abgesenkten Bordsteinkanten vermögen diese Verbindung nicht wirklich zu fördern. Außerdem verhindert ein Zaun um diesen südlichen

08__Die Nacht mit Licht, Wasser und Bäumen.

Grünstreifen den direkten Zugang zum Flussufer, das erst über eine Treppenanlage an der Brücke erreicht werden kann. Bleibt also auf die kontemplative Wirkung der Platzinsel zu vertrauen, die Abschirmung der noch wachsenden Bäume und ihr Schatten im Sommer, das unterhaltsame Spiel der Wasserfontänen oder die gastronomischen Qualitäten im „Platzhaus", die dem Platz eine wichtige Bedeutung für das Quartier, seine Bewohner und ihre Gäste geben und ihn zu einem Anziehungspunkt machen. In jedem Fall ist dieser Ansatz ein Gewinn für die Stadt, wenn auch die Chance auf eine Anbindung an den Fluss noch zu nutzen wäre, den der Wettbewerbsentwurf auch vorsah. Der Verkehr wird in seiner Funktion nicht eingeschränkt, aber auf die unbedingt notwendige Inanspruchnahme des öffentlichen Raums reduziert. Die Stadtgesellschaft gewinnt einen Aktionsraum zurück.

Die achtzehn Millionen Euro, die der Umbau insgesamt gekostet hat, liegen nach den Berechnungen des beteiligten Verkehrsplaners Hartmut H. Topp (R+T, Topp, Huber-Erler, Hagedorn), weit unter den Kosten der Baumaßnahmen, die in den 1900er Jahren die vermeintliche Verkehrs gerechtigkeit hergestellt haben, wenn man hier

die heutigen Baupreise zugrunde legt. Nur ein umfassender Dialog unterschiedlicher Planer und Verantwortungsträger in Politik und Verwaltung ermöglicht einen solchen Umbau. Der Gewinn für die Stadt könnte auch monetär berechnet werden, wenn man das will. Letztendlich sind das Wohlbefinden und die Identifikationsmöglichkeiten, die solche Umbauten den Bürgern bieten, kaum zu ermessen.

Projektort_Alter Messplatz, Mannheim

Planung und Realisierung_2002 – 2006

Planungsverfahren_Beschränkter Wettbewerb 2002, 1. Preis, teilweise umgesetzt

Bauherr_Stadt Mannheim

Nutzer/Betreiber_Stadt Mannheim

Architektur_plattformberlin, Jens Metz, Berlin

Landschaftsarchitektur_plattformberlin, Jens Metz, Berlin / Alice Brauns, Marion Talagrand, Paris

Verkehrsplanung_R+T Topp, Huber-Erler, Hagedorn Ingenieure für Verkehrsplanung, Darmstadt

Beteiligte Künstler_Clémence Letouzey, Berlin (Wasserbilder)

Grundfläche_28.500 qm

Baukosten_18 Millionen €

Finanzierung und Förderprogramme_URBAN II (Europäische Union), Land Baden-Württemberg, Stadt Mannheim

01__Die Reise in die Stadt beginnt und endet mit einem Goethe-Zitat.

Architektur als Zeichen der Alltagskultur
Bus- und Tramterminal, Gotha

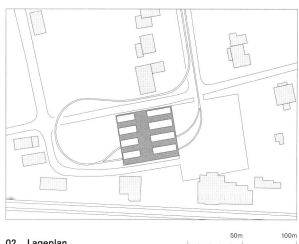

02__Lageplan.

Der Bahnhof in Gotha, immerhin ein ICE-Halte-
punkt, hat ein dringendes Face-Lifting nötig, wenn
er den Standard erreichen will, den die meisten
ICE-Bahnhöfe mittlerweile haben. Man hat hier
den Eindruck, die Zeit sei Anfang der 1990er
Jahre stehen geblieben: Fahrkartenschalter, kein
Reisezentrum, der Zeitschriftenkiosk und die Bäckerei sind in zu kleinen Nischen des Empfangs-
gebäudes untergebracht. Einen eigentlichen Warteraum gibt es nicht. Die Einstimmung auf einen
Besuch in der thüringischen Residenzstadt und
Wirkungsstätte von Johann Wolfgang von Goethe
fällt nicht gerade positiv aus. Doch das ändert
sich beim Verlassen des Gebäudes schnell, wenn
man linker Hand die neue Bus- und Tramumstei-
geanlage erblickt, die so komplex organisiert ist,
dass sie als Terminal bezeichnet werden kann. Mit
der schon am Bahnhof angebrachten elektroni-
schen Anzeigetafel vermittelt sich schlagartig das
Gefühl, einen Zeitsprung gemacht zuhaben, bevor
man den Terminal selbst erblickt. Sein Design ist
auffällig anders als das seiner Umgebung, aber
nicht der Realität entrückt, im Gegenteil könnte
man sagen: Es ist pragmatisch auf das Wesentliche reduziert und orientiert sich an dem, was
gebraucht wird. Aber was wurde an dieser Stelle
gebraucht?

Zum einen: ein optimierter öffentlicher Stadt-
und Regionalverkehr. Fast alle Buslinien und
alle Tramlinien der Stadt bedienen den Terminal.
Darunter ist auch die Linie 4, die als Tühringer-
waldbahn die in ihrem Namen erwähnten Naher-
holungsziele erschließt. Ab und zu ist auf dieser
Strecke ein Traditionszug zu sehen, der dem
Trambahnbetrieb gleichzeitig als Signet dient.
Die Buslinien fahren weiterhin einen älteren
Busbahnhof an, der in der Stadt liegt und auch
weiter betrieben wird. Es ging bei dem Terminal
am Bahnhof darum, eine direkte Schnittstelle des
öffentlichen Stadt- mit dem Regional- und Fern-
verkehr herzustellen.

Zum anderen schließt der Terminal als Bauwerk eine städtebauliche Lücke, die sich noch
seit Kriegstagen auftat. Er gibt dem weiten Vorplatz zumindest an seiner westlichen Seite eine
Begrenzung, und sein Dach hat eine Höhe, die
inmitten der umgebenden Bebauung vermittelnd
wirkt. Auf dem Weg in die Stadt markiert er so
einen Ausgangspunkt, dessen Wert erst angesichts der ruinösen, leer stehenden villen und
herrschaftlichen Häuser, die ihn säumen, richtig
deutlich wird. Der Leerstand ist auch eine Folge

03__Busse und Trambahnen im Rendezvous-System in
trauter Einigkeit unter dem Terminaldach vereint.

jener Entwicklung, gegen die mittlerweile viele
deutsche Städte kämpfen. Gotha hat wie andere
Städte mit einer rückläufigen Bevölkerungszahl zu
ringen. Die in großen Teilen restaurierte Innenstadt, die Orangerie, die direkt am Weg vom
Bahnhof in die Innenstadt liegt, oder im Schloss,
lassen mit ihren Reizen diesen Hintergrund leicht
vergessen. Mit dem Terminal am Bahnhof
setzt die Stadt jetzt betont auf zeitgenössische
Architektur. Dies ist ein dritter Grund aus dem der
Terminal gebraucht wird. Nicht zufällig unterstützt
dies die leuchtende Aufschrift an den Dachkan-
ten. Johann Wolfgang von Goethe wird mit den
Worten zitiert: „Denn man reist doch wahrlich
nicht, um an jeder Station einerlei zu sehen und
zu hören." Man hätte auch einfach schreiben können: „Ich bin anders!".

Von einer architecture parlante, einer mitteilsa-
men Architektur, ist der Terminal aber dennoch
weit entfernt. Hier herrscht der Geist der Organisation vor. Die Architekten Osterwold und
Schmidt haben in kluger Zusammenarbeit mit
den Verkehrs-und Freiraumplanern (siehe Liste
der Planungsbeteiligten zu diesem Projekt) dafür
einen nahezu quadratischen Grundriss der Anlage
vorgesehen. Es wechseln sich Gleisbereiche
oder Busfahrbahnen mit den Bahnsteigen ab, die
so großzügig angelegt sind, dass darauf auch
Toiletten, Kioske, Imbiss- und Infopavillons, aber
auch Freiflächen mit Bänken und Tischen sowie
ein kleiner Garten untergebracht sind. Im Dach
wechseln offene und geschlossene Flachen in
der Art eines Schachbrettmusters, wenngleich die
Höhe des Daches leider dazu führt, dass nicht
jeder beim Warten auf die Bahn oder den Bus

04__Die Trambahn-Haltestellen haben zurückhaltende, fast spartanische Einrichtungen.

05__Auch großzügige Bedürfnisanstalten haben auf den Bahnsteigen Platz.

06__Das Innere einer solchen Anstalt.

07__Die Freiräume vor Kiosk und Bistro mit Blick auf den Bahnhof.

trocken bleibt, wenn es regnet. Das hinterlässt auch im übertragenen Sinne seine Spuren, denn Busbahnhöfe oder Umsteigeanlagen dienen gerne als Treffpunkte für Trinkgelage. Bänke, Papierkörbe und andere möbelartige Einrichtungen müssen deshalb robust, wenn nicht vandalismussicher gestaltet werden. In Gotha hat man sich für Bänke aus Beton mit steinernen Sitzflächen und fast senkrechten Rückenlehnen entschieden, was nicht gerade eine zuvorkommende Geste an die Wartenden ist, dafür sind die Sitzgelegenheiten wartungsfreundlich. Wesentlich einladender wirken die Bänke dort, wo vor dem Bistro Plätze als Treffpunkte angeboten wurden. Es geht hier also nicht um die Symbolik des Bauwerks, sondern vielmehr um seine Gebrauchsfähigkeit im Alltag.

Mit dem Terminal ist in Gotha nicht nur ein neuer Verkehrsknotenpunkt geschaffen, sondern auch eine Art Akupunktur zur Entwicklung der Stadt gesetzt worden, die ihre Wirkung auf das Bahnhofsgebäude selbst, aber eben auch auf die Stadt Gotha entfalten soll. Es bleibt nur zu hoffen, dass man den richtigen Nerv getroffen hat.

Projektort_Bahnhofsvorplatz, Gotha

Planung und Realisierung_2001 – 2007

Planungsverfahren_Realisierungswettbewerb 2001/2002, 1. Preis umgesetzt

Bauherr_Stadt Gotha

Nutzer/Betreiber_Stadt Gotha (Betreiber) / RVG Regionale Verkehrsgemeinschaft Gotha GmbH (Nutzer) / TWSB Thüringerwaldbahn und Straßenbahn Gotha (Nutzer)

Projektsteuerung_LEG Thüringen, Erfurt

Architektur_Osterwold&Schmidt - EXP!ANDER Architekten BDA, Weimar

Tragwerksplanung_Hennicke+Dr.Kusch, Weimar

Landschaftsarchitektur_Osterwold&Schmidt - EXP!ANDER Architekten BDA, Weimar (Terminal) / Planungsbüro Artz, Gotha (Bahnhofsvorplatz)

Verkehrsplanung_Planungsbüro Artz, Gotha / Büro von Mörner+Jünger, Suhl / Gleisplanung: GKW-Ingenieure, Erfurt, Gotha

Lichtplanung_Die Lichtplaner - Torsten Braun, Limburg / ibah, Gotha

Beteiligte Künstler_Prof. Dr. Ulf Hegewald, Aachen (Stelen Vorplatz)

Grundfläche_ca. 5 ha

Baukosten_2,72 Millionen €

Finanzierung und Förderprogramme_EFRE, ÖPNV-Förderung, Städtebauförderung

Michael Braum

Herausforderung Verkehrsinfrastruktur

„Vielleicht ist zu sehr in Vergessenheit geraten, dass eine Straße, ein Platz nicht nur eine Fläche, eine Verkehrsfläche ist, sondern ein Raum."[1]

Heinz Nagler

Verkehrsbauwerke und Verkehrsanlagen prägen die Gestalt und Funktion unseres öffentlichen Raums. Unbestritten durch die großen Bauwerke, wie die Bahnhöfe, ZOBs und Brücken, aber ganz maßgeblich auch durch die Verkehrstrassen selbst. Ob für Straßenbahn oder Auto, bei der Umsetzung von Regelquerschnitten sowie einer unverhältnismäßig einseitigen Berücksichtigung von Sicherheits- und Unterhaltsaspekten – die vor allem das sektorale Anspruchsdenken optimieren – wird die Gestaltqualität des öffentlichen Raums nachhaltig beeinträchtigt. Die verkehrstechnischen Elemente wie Beschilderungen, Absperrungen oder Haltestellen tragen ihr Übriges dazu bei, um den öffentlichen Raum vor allem als „autistischen" Verkehrsraum ohne positiven Bezug zu seinem Umfeld wirken zu lassen.

Nur in seltenen Fällen wird durch den Bau von Verkehrsinfrastrukturen heute der Versuch unternommen, „Stadt zu schaffen". Derartige Qualitäten müssen jedoch den baukulturellen Standard markieren, damit unsere Städte das Bewusstsein unserer Gesellschaft in seiner Vielfalt und Komplexität angemessen widerspiegeln. Dabei muss es darum gehen, Verkehrsinfrastrukturen

um- oder neuzubauen, die eine Beziehung zu ihrem Umfeld aufnehmen, sei es landschaftlich oder städtebaulich geprägt.

Das setzt ein Umdenken zuallererst in der Verkehrspolitik und im Folgenden bei allen Beteiligten voraus. Die baukulturelle Dimension dieser Herausforderung lässt sich an folgenden Aspekten festmachen:

* dem veränderten Mobilitätsverhalten im 21. Jahrhundert,
* dem interdisziplinären Zusammenspiel gestalterischer, funktionaler und sicherheitstechnischer sowie ökonomischer Anforderungen im städtebaulichen Kontext,
* der Anpassung von Förderprogrammen und Richtlinien an die Komplexität des Entwurfs der Verkehrsinfrastrukturen,
* der interdisziplinären Ausbildung von Ingenieuren, Architekten, Stadt- und Landschaftsplanern an den Universitäten und Hochschulen sowie den Weiterbildungseinrichtungen.

1. __ zitiert nach: Christa Reicher, Thomas Kemme: Der öffentliche Raum. Berlin, 2009. S.98.

Zu den Aspekten im Einzelnen:

Unterschiedliche Mobilitätsansprüche bei der Gestaltung des Öffentlichen Raums berücksichtigen

Mobilität wird in Zukunft an der Erreichbarkeit, das heißt der Chance an der gleichberechtigten Teilhabe am gesellschaftlichen Leben gemessen werden. Für diese Rahmenbedingungen ist die Bevölkerung auf den Mobilitätsverbund angewiesen. Lange Fahrten werden zunehmend mit der Bahn, städtische Fahrten mit dem ÖPNV und kurze Wege mit dem Fahrrad beziehungsweise zu Fuß zurückgelegt werden. Das Auto, ob fossil oder postfossil betrieben, wird diesen Mobilitätsverbund ergänzen.

Die baukulturelle Herausforderung besteht darin, die Intermodalität als sich ergänzende Struktur zu unterstützen und den durch das sich verändernde Mobilitätsverhalten erforderlichen Orten, seien es Neu- oder Umbauten von Bahnhöfen, Haltestellen, Parkhäusern, Car-Sharing-Stationen oder anderen, eine ihrer Bedeutung entsprechend wertige Gestaltung zu geben.

Dabei gilt es insbesondere, die Erfordernisse der unterschiedlichen Verkehrsarten in Einklang mit städtebaulichen Aspekten zu bringen. Sie dürfen zukünftig nicht mehr als miteinander konkurrierende, sondern müssen als sich ergänzende Systeme angesehen werden.

So verstanden, wird es darum gehen, die separierten Flächenansprüche, welche die verschiedenen Verkehrsteilnehmer gegenwärtig beanspruchen, gemeinsam zu denken, um die unterschiedlichen Verkehrsmittel nicht nur organisatorisch, sondern auch räumlich zu vernetzen und wo möglich zu überlagern. In diesem Zuge muss notwendigerweise wieder ein Stück Verantwortung an die Nutzer zurückgegeben werden. Persönliche Verantwortung muss in unserer Gesellschaft und gerade in der Baukultur wieder an die Stelle von einem Übermaß an bürokratischer Reglementierung treten. Nur so kann die „Verregelung" durch eine gesellschaftliche Gesamtverantwortung, die durch ein Bewusstsein für gegenseitige Rücksichtnahme geprägt ist, ersetzt werden.

Die baukulturelle Qualität der Verkehrsinfrastruktur durch Prioritätensetzung und Kostentransparenz erhöhen

Mobilität wird teurer werden. Die Gründe dafür liegen neben den steigenden Energiepreisen vor allem in den enormen, vom motorisierten Verkehr verursachten Kosten im Bereich der Umwelt- und Gesundheitsschäden, aber auch im ungebremsten Flächenverbrauch. Vor diesem Hintergrund ist es zum Wohle unseres Gemeinwesens im Allgemeinen und unserer Städte im Besonderen notwendig, die Finanzierung der für den motorisierten Verkehr benötigten Infrastruktur auf die Verursacher umzulegen.

Dies bedeutet, dass wir zukünftig die Infrastruktur nur für den öffentlichen Verkehr über allgemeine Steuern finanzieren, die darüber hinausgehende private oder privatwirtschaftliche Nachfrage mit nutzungsorientierten Finanzierungsmodellen ergänzt werden sollte. Nur so ist zu gewährleisten, dass ausreichend finanzielle Ressourcen erschlossen werden, um – über die funktionalen und sicherheitstechnischen Aspekte hinaus – gestalterische Kriterien in Bauwerke und bauliche Anlagen einfließen zu lassen, welche die Lebensräume der Menschen maßgeblich prägen.

Den Entwurf von Verkehrsinfrastrukturen als interdisziplinäre Aufgabe verstehen

Hier waren wir einmal weiter. Früher prägten einmal Boulevards statt innerörtlicher Hauptverkehrsstraßen das Bild unserer Städte. Dass diese auch bei einer vergleichsweise hohen Verkehrsbelastung funktionieren, zeigen uns noch heute vor allem gründerzeitliche Beispiele urbaner und funktionsgemischter Strukturen im In- und Ausland.

Zudem spiegelt sich die gegenwärtige Dominanz ökonomischer Rahmenbedingungen sowie versicherungstechnischer Anforderungen in der Mehrzahl unserer Verkehrsbauwerke in ernüchternder Weise wider. Ergebnis sind die uns geläufigen plumpen Lösungen, die unverrückbar Sicherheitsstandards erreichen, in der Regel ihre Funktion erfüllen, dabei aber gestalterische Anforderungen oder Potenziale vollkommen außer Acht lassen.

Unterstützt wird diese nachlässige Haltung gegenüber dem Entwurf von Verkehrsinfrastrukturen durch die Zuständigkeiten unterschiedlicher Ressorts und einen fehlenden Dialog zwischen diesen. Noch immer, möglicherweise sogar wieder zunehmend, werden miteinander korrespondierende Aufgaben wie die Gestaltung von Straßen, Brücken und Bahnhöfen ausschließlich aus der Perspektive der jeweiligen Finanzierungsmöglichkeit und Funktionalität beurteilt und nicht daraufhin, welchen Beitrag sie zu ihrer Umgebung leisten.

Stadt- und Verkehrsraum wieder als Einheit zu begreifen gelingt nur dann, wenn das gleichberechtigte Zusammenspiel von gestalterischen, funktionalen, ökonomischen sowie sicherheitstechnischen Anforderungen Eingang in den Entwurf unserer alltäglichen Verkehrsinfrastrukturen findet.

Durch vorgeschaltete interdisziplinär besetzte Wettbewerbe oder Mehrfachbeauftragungen in Form kooperativer Gutachterverfahren, die – dort wo es notwendig ist – während des Verfahrens Rückkoppelungen zulassen, muss die Suche nach innovativen Lösungen auf die Tagesordnung. Als Ergänzung zu ressortübergreifenden Arbeits- und Genehmigungsgruppen können so die gegenwärtig existierenden sektoralen Optimierungsstrategien in ein baukulturelles Verständnis von Verkehrsinfrastruktur überführt werden.

Eine Vielzahl existierender Regeln, so notwendig sie für die Gefahrenabwehr sein mögen, betrachten nur einen spezifischen Aspekt in einem komplexen Gefüge. In der Regel verhindert dies eine kreative oder innovative Lösung.

Ansätze, dies zu verändern sind vorhanden. So beinhalten die aktuellen Stadtstraßenrichtlinien zur Anlage von Stadtstraßen (RASt 06) der Forschungsgesellschaft für Straßen- und Verkehrswesen (FGSV) auch gestalterische Aspekte, wobei sie noch immer zu stark auf die Separierung der verschiedenen Verkehrsteilnehmer ausgelegt sind. Dieses gestalterische Regelwerk hat jedoch in der praktischen Umsetzung bislang zu wenig Beachtung gefunden.

Will man der einseitigen Optimierung verschiedener sektoraler Denkweisen entgegensteuern, um über ein gebrauchsfähiges, ortsspezifisches und gestalterisch anspruchsvolles Ganzes nachzudenken, bedarf es „baukultureller

Experimentierräume". Hier sollen Regelwerke zu Leitlinien werden und eine auf interdisziplinärem Dialog basierende Verantwortungsübernahme unter Berücksichtigung der lokalen Situation an die Stelle der Ausführung von Richtlinien treten.

Planungs- und Finanzierungsgrundlagen an die Komplexität der Aufgabenstellung anpassen

Verkehrsinfrastrukturen, ob Straßen, Straßenbahntrassen oder Brücken, werden in den Förderrichtlinien als isolierte Verkehrswege und nicht als zusammenhängende Stadträume gesehen. Hierin liegt eine der maßgeblichen Ursachen dafür, dass baukulturelle Ansprüche im Bereich der Verkehrsinfrastruktur nur sehr schwierig mit den förderrechtlichen Zielsetzungen in Einklang zu bringen sind.

Erschwert wird dies dadurch, dass sich die Förderprogramme im Allgemeinen auf einen spezifischen Fördergegenstand und dessen verkehrs- und sicherheitstechnische Optimierung beschränken. Nahezu unlösbar wird dieses Phänomen, wenn es sich um, dem föderalen System geschuldet, verschiedene Finanzierungsträger handelt.

So erschweren, wenn nicht verhindern die Förderrichtlinien unter anderem, dass Straßenbahnen durch intelligente Bevorrechtigungen innerhalb „normaler" Straßenräume beschleunigt werden können (dynamische Straßenraumfreigabe). Die gemeinsame Straßennutzung durch Fußgänger, Rad- und Autofahrer über Spielstraßen hinaus wird zudem durch die Straßenverkehrsordnung behindert. Begegnungszonen oder andere Formen der Mischfläche beziehungsweise „weichen" Trennung, auch bei einem höheren Verkehrsaufkommen, welche sich in Nachbarländern (Schweiz und Niederlande) längst bewährt haben, sind hierzulande bislang nur schwer umsetzbar.

Es ist eine „baukulturelle Notwendigkeit", dass die verschiedenen Förderprogramme nicht primär auf den Bau spezieller Funktionsträger und damit autonomer Flächen abstellen, sondern auf Zielvorstellungen basieren, die das Zusammenwirken der den öffentlichen Raum prägenden Facetten ermöglichen. Dies bedingt die Berücksichtigung aller die Verkehrsinfrastruktur betreffenden

Ansprüche in einer Art Masterplan für den öffentlichen Raum, im Zuge dessen alle Kompetenzen und die Finanzierung zusammengeführt werden.

Vor diesem Hintergrund sind die Vergaberichtlinien für Fördergelder den aktuellen Handlungserfordernissen anzupassen, indem fachübergreifend, der Komplexität der unterschiedlichen Ansprüche an den öffentlichen Raum entsprechend, angemessene Finanzierungsmodelle entwickelt werden. Hierbei bietet sich an, die Durchführung eines Wettbewerbs, einer Parallelbeauftragung oder eines kooperativen Workshops, also die Ideenkonkurrenz zur Voraussetzung zum Erhalt oder gar zur Grundlage der Bemessung von Fördermitteln zu machen.

Die Aus- und Fortbildung verbessern

Der Stellenwert der Interdisziplinarität verliert in der Ausbildung an den Universitäten und Hochschulen zunehmend an Bedeutung. Ursächlich hierfür ist die Straffung der Studiengänge, die beispielsweise im Bereich der Verkehrsinfrastruktur nur noch eine Fokussierung auf technische Fragen des Verkehrsmanagement und der verkehrsmodellgestützten Bewertung von Verkehrsprojekten erkennen lassen. Das komplexe Entwerfen qualitätsvoller Straßenräume und Bauwerke der Verkehrsinfrastruktur im Diskurs mit anderen Fachdiszipilnen steht weniger denn je im Vordergrund der Ausbildung.

Dies berücksichtigend müssen sich die Aus- und Fortbildungsstätten zukünftig wieder verstärkt um ein interdisziplinäres Verständnis der gebauten Umwelt bei Ingenieuren, Architekten und Planern kümmern, um überhaupt die Voraussetzungen dafür zu schaffen, dass sich diese Disziplinen einander frühzeitig in sich ergänzender Kompetenz begegnen, ihre gemeinsamen Wurzeln wiederentdecken und den Dialog „auf Augenhöhe" lernen.

Angesprochen ist dabei auch das Bundesministerium für Bildung und Forschung und die für die Ausbildung zuständigen Kultusminister der Länder, die gemeinsam mit den Universitäten und Hochschulen wieder die Voraussetzungen dafür legen müssen, eine dementsprechende Studienplangestaltung zu ermöglichen, beziehungsweise diese zu fördern.

Für die inhaltliche Unterstützung bedankt sich die Bundesstiftung Baukultur bei den Podiumsteilnehmern der BAUKULTUR_VOR_ORT-Veranstaltung „Wo verkehrt die Baukultur?" am 5. November 2009 in München (siehe Seite 48) sowie bei den aufgeführten Teilnehmer/innen des WERKSTATTGESPRÄCH_BAUKULTUR zum Thema „Verkehr" am 2. Oktober 2009 in Berlin.

Heinz-Hubert Benning, Bauingenieur, Bundesministerium für Verkehr, Bau und Stadtentwicklung, Bonn
Harald Heinz, Architekt und Stadtplaner, HJPplaner, Aachen
Jürgen Hillmer, Architekt, von Gerkan, Marg und Partner, Hamburg
Jens Karstedt, Bauingenieur, Bundesingenieurkammer, Berlin
Thomas Mager, Stadt- und Wirtschaftsgeograph, tjm-consulting mobilitätsmanagement, Köln
Horst Mentz, Bauingenieur, Verkehrsplanung der Stadt München
Cornelia Müller, Landschaftsarchitektin, Lützow 7 Landschaftsarchitektur und Gartenkunst, Berlin
Mike Schlaich, Bauingenieur und Tragwerksplaner, Schlaich Bergermann und Partner, Berlin
Hartmut H. Topp, Bauingenieur und Verkehrsplaner, R+T Topp, Huber-Erler, Hagedorn Ingenieure für Verkehrsplanung, Darmstadt
Marc Ulrich, Architekt, Konzeption und Planung DB Station&Service AG, Berlin
Christian Welzbacher, Kunsthistoriker und freier Journalist, Berlin
Tim von Winning, Architekt und Stadtplaner, Fachbereich Planen, Entwickeln, Liegenschaften der Stadt Tübingen

sowie
Klaus Bollinger, Bauingenieur und Tragwerksplaner, Bollinger+Grohmann Ingenieure, Frankfurt a. M.
Axel Oestreich, Architekt, Hentschel-Oestreich Architekten, Berlin
Herbert Staadt, Bauingenieur und Verkehrsplaner, StaadtPlan Ingenieure, Potsdam
Hans-Henning von Winning, Verkehrsplaner und Architekt, Büro von Winning, Oberstaufen

Autoren

Michael Adler

Jahrgang 1962. Studium der Politikwissenschaft, Geschichte und Volkswirtschaft in Mannheim und Bonn. Redakteur der kommunalpolitischen Fachzeitschrift „Demokratische Gemeinde" 1991 bis 1997. Seit 1997 Chefredakteur des VCD-Mitgliedermagazins „fairkehr". Geschäftsführer der Agentur fairkehr und der VCD Umwelt & Verkehr Service GmbH. Lebt in Bonn. Zahlreiche Veröffentlichungen zum Thema Mobilität und Umwelt. Miturheber der aktuell laufenden Imagekampagne „Kopf an: Motor aus. Für null CO2 auf Kurzstrecken" des Bundesumweltministeriums.

Olaf Bartels

Jahrgang 1959. Studium der Architektur an der Hochschule für bildende Künste in Hamburg. Seit 1984 fachpublizistische Arbeiten. 1989 bis 1990 künstlerischer Mitarbeiter an der HdK Berlin. 1990 bis 1992 wissenschaftlicher Mitarbeiter an der TU Hamburg-Harburg. 1991 Lehrbeauftragter an der HdK Berlin. 1999 bis 1994 Lehrbeauftragter an der TU Hamburg-Harburg. 1992 bis 1994 Bauleitung eines Wohnungsbauprojektes. 1994 bis 1999 wissenschaftlicher Mitarbeiter TU Braunschweig. Seit 2000 Lehrbeauftragter für Theorie und Geschichte der Architektur an der Hochschule für Angewandte Wissenschaften, heute HCU-Hamburg.

Michael Braum

Jahrgang 1953. Studium der Stadt- und Regionalplanung an der TU Berlin. 1980 bis 1996 Mitarbeiter und Gesellschafter der Freien Planungsgruppe Berlin. 1984 bis 1988 wissenschaftlicher Mitarbeiter an der TU Berlin. 1996 Gründung des Büros Conradi, Braum & Bockhorst, 2006 Gründung des Büros Michael Braum und Partner. Seit 1998 Professor am Institut für Städtebau und Entwerfen der Fakultät für Architektur und Landschaft an der Leibniz Universität Hannover. Seit 2008 Vorstandsvorsitzender der Bundesstiftung Baukultur. Veröffentlichungen zum Städtebau und zur Stadtentwicklung.

Christian Brensing

Jahrgang 1960. 1982 bis 1989 Studium der englischen Literatur und Kunstgeschichte in England; Abschluss M.A. Royal College of Art (RCA), London. 1989 bis 1990 wissenschaftlicher Assistent am Royal College of Art, London. 1990 bis 1992 Mitarbeit bei Zaha Hadid Architects, London. 1993 bis 2004 Mitarbeit bei Ove Arup & Partners Consulting Engineers, London und Berlin. 2004 bis 2005 Mitarbeit bei CBP Consulting Engineers, München. Seit 2006 freischaffender Berater, Autor und Kurator.

Harald Heinz

Jahrgang 1946. Studium der Architektur an der RWTH Aachen. 1973 bis 1977 Arbeit als Stadtplaner in der Arbeitsgruppe Bauleitplanung Aachen. 1978 bis 1986 wissenschaftlicher Assistent am Institut für Stadtbauwesen (ISB) der RWTH Aachen. Am ISB Forschungsprojekte zur Gestaltung von Straßen und Plätzen. 1981 Promotion zum Dr.-Ing. Seit 1986 eigenes Planungsbüro in Aachen, seit 2005 Heinz Jahnen Pflüger. Seit 1992 Projekte im Auftrag der Senatsverwaltung Berlin, unter anderem Regelwerke zur Straßenraumgestaltung. Verfasser des Handbuchs für die Gestaltung von Straßen und Plätzen in Berlin. Leiter des Arbeitsausschusses „Straßenraumgestaltung" bei der Forschungsgesellschaft für Straßen- und Verkehrswesen, Mitglied im Arbeitsausschuss „Stadtstraßen".

Bernhard Heitele

Jahrgang 1971. Studium der Architektur an der Universität Stuttgart. Mitarbeiter im Stadtplanungsbüro raumbureau in Stuttgart. 2003 bis 2008 wissenschaftlicher Mitarbeiter am Lehrstuhl Stadtplanung und Raumgestaltung der BTU Cottbus. Seit 2009 freier Projektmitarbeiter der Bundesstiftung Baukultur. Veröffentlichungen zum Städtebau und zur Stadtentwicklung.

Engelbert Lütke Daldrup

Jahrgang 1956. Studium der Raumplanung an der Universität Dortmund. 1982 bis 1985 Städtebaureferendar und anschließend Baurat in Frankfurt am Main. 1985 bis 1988 wissenschaftlicher Mitarbeiter an der TU Berlin, Institut für Stadt- und Regionalplanung. Promotion 1988. 1989 bis 1992 technischer Hauptreferent der Berliner Senatsverwaltung für Bau- und Wohnungswesen. 1992 bis 1995 dort Leiter des Referats „Hauptstadtgestaltung". 1995 bis 2005 Stadtbaurat und Beigeordneter für Stadtentwicklung und Bau in Leipzig. 2006 bis 2009 Staatssekretär im Bundesministerium für Verkehr, Bau und Stadtentwicklung. Seit 2009 Honorarprofessor an der TU Berlin und der Universität Leipzig.

Friederike Meyer

Jahrgang 1972. Architekturstudium in Aachen und Seattle, Kunstgeschichte in Dresden, Öffentlichkeitsarbeit am Festspielhaus Hellerau, Journalistenschule in Berlin, Beiträge für Tageszeitungen und Ausstellungskataloge, seit 2000 Redakteurin der Bauwelt.

Mike Schlaich

Jahrgang 1960. Prof. Dr., 1979 bis 1981 Studium des Bauingenieurwesens an der Universität Stuttgart sowie 1981 bis 1985 an der Eidgenössischen technischen Hochschule (ETH), Zürich. 1985 bis 1989 Assistent am Lehrstuhl für Baustatik und Konstruktion der ETH Zürich, bei Prof. Dr. E. Anderheggen. Seit 1999 Partner bei Schlaich Bergermann und Partner, Beratende Ingenieure im Bauwesen in Stuttgart. 2004 Berufung zum Professor für Massivbau (heute: „Entwerfen und Konstruieren - Massivbau") am Institut für Bauingenieurwesen an der Technischen Universität Berlin. 2005 Leitung des neu eröffneten Bürostandortes in Berlin von Schlaich Bergermann und Partner.

Hartmut H. Topp

Jahrgang 1942. Studium des Bauingenieurwesens an der TU Berlin und der Uni Karlsruhe. Assistent, später Dozent TU Darmstadt. 1973 Dissertation. Beratender Ingenieur in Frankfurt am Main. Eigenes Planungsbüro in Darmstadt. 1981 bis 2007 Professor für Mobilität und Verkehr TU Kaiserslautern. 1991 bis 1993 Dekan Fachbereich Architektur, Raum- und Umweltplanung, Bauingenieurwesen. Mitglied Deutsche Akademie für Städtebau und Landesplanung, Akademie für Raumforschung und Landesplanung. Moderator von Planungsprozessen. Mitglied Kuratorium Internationale Bauausstellung (IBA) Hamburg 2013, UN-Expertengruppe Masterplan für die heiligen Stätten des Islam in Mekka und Medina.

Carl Zillich

Jahrgang 1972. Studium der Architektur und Stadtplanung an der Universität Kassel und der Columbia University New York. 2002 bis 2008 wissenschaftlicher Mitarbeiter am Institut für Geschichte und Theorie der Architektur an der Leibniz Universität Hannover. Seit 2004 eigene realisierte Architekturprojekte. Seit 2008 wissenschaftlicher Mitarbeiter der Bundesstiftung Baukultur. Publikationen unter anderem zu den Schnittstellen von Architektur und Kunst.

Gerhard Zwickert

Jahrgang 1952. 1974 bis 1978 Fotolaborant. 1976 Facharbeiter Fotograf, 1978 bis 1991 Bildreporter Neue Berliner Illustrierte (NBI), extra – Magazin. 1987 Diplom-Fotograf, Hochschule für Grafik und Buchkunst Leipzig. Seit 1992 freiberuflicher Fotograf, Mitglied im DDK Berlin. Arbeitsgebiete Architektur-, Kunst- und Landschaftsfotografie.

Bildnachweis

Titel, Rücktitel_ Jürgen Hohmuth, zeitort, Berlin. **Seite 8-15_**
(01): Thomas Bayrle, © Wolfgang Günzel; (02): West 8 Urban
Design & Landscape Architecture; (03): jvk-Fotografie; (04): ullstein bild – SIPA; (05): Wolfgang Haller; (06): David Boureau;
(07): © Kristien Daem. **Seite 16-23_** (01): ullstein bild – Peters;
(02): © Jörg Hempel/arturimages; (03): Nigel Young/Foster +
Partners; (04): © Reinhard Görner/arturimages; (05, 06): Torsten Seidel Fotografie; (07): Friederike Meyer; (08): © Roland
Halbe/arturimages; (09): picture-alliance/dpa. **Seite 24-31_**
(01): Anders Birch/laif; (02): picture-alliance/allOver; (03): ullstein bild – SIPA; (04): picture alliance/dpa; (05, 07): picture-al-
liance/dpa; (06): © Michael Glotz-Richter, Bremen. **Seite 32-39_**
(01, 03): DISSING+WEITLING; (02): © Paolo Rosselli/arturima-
ges; (04): Gerhard Westrich/laif; (05, 06): Arup; (07): picture-
alliance/ZB. **Seite 40-47_** (01, 07): picture-alliance/dpa; (02,
09): Hartmut H. Topp; (03): © Jason Hawkes/Corbis; (04): ©
WildCountry/Corbis; (05): ullstein bild – Spiegl; (06 oben): ©
Stadt Kassel; (06 unten): © Stadt Kassel, Stadtplanung und
Bauaufsicht; (08): Nikolaus Koliusis. **Seite 48-57_** Edward Beierle. **Seite 60-67_** (01): Jürgen Schmidt, Köln. **Seite 68-129_**
Fotos: Gerhard Zwickert, Berlin; Lagepläne: Katharina Rathenberg / Bundesstiftung Baukultur, Potsdam.

Die Bundesstiftung Baukultur dankt den Fotografen und den Inhabern der Bildrechte für die Nutzungsgewährung. Jeder mögliche
Versuch ist unternommen worden, die Besitzer von Bildrechten ausfindig zu machen. Wo dies nicht möglich war, bitten wir diese,
sich mit den Herausgebern in Verbindung zu setzen.